「墓じまい」で心の荷を下ろす

「無縁墓」社会をどう生きるか

島田裕巳

詩想社
新書

はじめに

「墓じまい」ということが言われるようになってきました。

墓じまいは、「改葬」とも言われます。

改葬のほうは、法律上の用語でもあります。

墓や埋葬について規定した法律に、「墓地、埋葬等に関する法律」があります。昭和23年（1948年）に制定された法律ですから、戦後すぐに生まれたことになります。この法律で重要なのは第4条で、それは次のようになっています。

第4条　埋葬又は焼骨の埋蔵は、墓地以外の区域に、これを行ってはならない。
2　火葬は、火葬場以外の施設でこれを行ってはならない。

第1条では、「この法律は、墓地、納骨堂又は火葬場の管理及び埋葬等が、国民の宗教的感情に適合し、且つ公衆衛生その他公共の福祉の見地から、支障なく行われることを目的とする」と、制定された目的がかかげられています。

宗教的感情と公衆衛生が重視されていることがわかりますが、第3条では、埋葬や火葬は「死亡又は死産後24時間を経過した後でなければ、これを行ってはならない」と規定されています。このことはよく知られています。

墓埋法には、「埋葬」ということばが出てきますが、これは「土葬」のことを意味します。

現在の日本は火葬の割合が増え、世界でも屈指の火葬大国になっています。火葬率99・97パーセントは、世界でもっとも高いものです。

しかし、墓埋法が制定された昭和23年の時点では、まだ土葬が広く行われていました。

墓埋法のなかには、改葬の定義が出てきます。第2条の3ですが、「この法律で『改葬』とは、埋葬した死体を他の墳墓に移し、又は埋蔵し、若しくは収蔵した焼骨を、他の墳墓又は納骨堂に移すことをいう」と述べられています。

土葬した死体や火葬した焼骨を、いったん埋葬した墓から別の墓、あるいは納骨堂に移すことが改葬だというわけです。

一部の遺骨だけを移すということもあるでしょうが、墓に埋葬されていた遺骨をすべて移してしまえば、墓には何もなくなります。そこで、墓は墓としての意味を失います。そうなれば、墓石を撤去し、更地にして墓地の側に返す墓じまいが行われることになります。

その点では、改葬と墓じまいとでは意味するところが違います。

遺骨を移すことが改葬で、墓じまいはそれに伴って起こる墓の撤去を意味するわけです。

墓を死後の住処《すみか》として考えるならば、改葬は、生きている人間の引っ越しにあたります。私もそうですが、人生のなかで引っ越しをくり返してきた人も少なくないでしょう。

引っ越しの場合、それをする理由はさまざまです。転勤などで引っ越しをせざるを得ないということもありますが、一方で、とくにまだ年齢が若い時期には、気分転換で引っ越しをすることもあります。なかには、頻繁に引っ越しをする「引っ越し魔」もいます。

改葬の場合には、基本は一度だけでしょう。

どこからどこへ改葬されるかと言えば、故郷の墓を墓じまいして、都会の墓に移すか、納骨堂に移すという例がいちばん多いはずです。

改葬が増えてきたのも、高度経済成長の時代以降、地方から都会へ仕事や教育、あるいはさまざまに挑戦する機会を得るために出てきた人々が都会に定着し、故郷の親が亡くなったのを機会に、それを実行に移すようになってきたからです。

高度経済成長は、日本を大きく変えた出来事で、１９５０年代の半ばからはじまったとされています。それを通してとても多くの人たちが地方から都会へ出てきました。それは、都会では過密化、地方では過疎化を生むことになるのですが、盆と正月の時期の大規模な「帰省」という現象が誕生したのも、その結果です。

それは、「故郷」というものを多くの人たちが持つようになったということでもあります。

そして、墓じまいをするということは、都会に出てきた人間の両親が亡くなり、実家が存在しなくなったことを意味しますから、故郷もまた失われることになるのです。

墓じまいは、「故郷じまい」に結びつくと言えます。

当然そこには寂しさが伴います。何かを失うということは、悲しいことです。

しかし、その一方で、墓じまいや故郷じまいが、肩の荷を下ろすことにつながるのも事実です。

故郷には墓があるが、遠いので墓参りにも行けない。それは、両親なり先祖なりを粗末に扱っていることになるのではないか。そう感じている人も少なくないことでしょう。

都会に住んでいながら、故郷の墓の面倒を見るのはかなりたいへんなことです。

しかも、最近になると、一人の人間が一つの墓だけではなく、複数の墓の面倒を見ているというケースも増えています。墓守がいなくなり、その役割を引き受けなければならなくなったりするのです。一人で数件の墓の面倒を見ているという人に会ったこともあります。

墓は、「終の住処」と呼ばれることもあります。この言葉の感覚からすれば、一度墓に遺骨が納められれば、永遠にそこにとどまるかのように思われます。

墓じまいが増えたということは、墓が終の住処ではなくなったということです。墓が終の住処であるためには、その墓の面倒を見る人が確保されていなければなりません。その確保が容易ではないということです。

面倒を見る人がいなくなれば、「無縁墓」になってしまいます。最近では、各地で無縁墓が増え、しかも、無縁墓になるスピードが早くなっているとも言われます。墓を終の住処と考えることが無理だったのではないか。そのようにも考えられます。

時代はどんどんと変わっていきます。それにつれて、墓のあり方も変わっていきます。その変化にどのように対応するのか。墓じまいが広がっている背景には、そうしたことがかかわっています。

墓じまいをどのように考え、それにどう取り組むのか。この本ではそれを考えたいと思います。

「墓じまい」で心の荷を下ろす◎目次

第3章

どうすれば墓じまいはできるのか

第4章

現在のような「墓」に長い歴史はない

第7章 墓じまいへの「ためらい」はどこからくるか

校正／萩原企画

第１章

私の体験した墓じまい

60年前、なぜ私は墓じまいを経験したのか

私には墓じまいの経験があります。

もっとも、私自身が行ったわけではないので、墓じまいにつき合ったと言うべきかもしれません。

ただ、そこには墓じまいにまつわるさまざまなことがかかわっていますので、まず最初にそれについて述べておく必要があるでしょう。

それがいつのことだったのか、正確なことは記憶していません。小学校の3年生か、4年生のときのことだったのではないでしょうか。

墓じまいを行ったのは、私の父でした。私は、おそらくは長男だったからなのでしょう、墓じまいにつき合わされることになったのです。

父と二人、墓地に立っていたという記憶だけはあります。

墓地があった場所は、栃木県佐野市です。

佐野市と言えば、いまでは、「佐野ラーメン」と「佐野厄除大師」がよく知られています。

佐野ラーメンのほうは、昭和のはじめからあったとのことです。私は食べたことがありませんが、佐野に生まれ育った祖父などは食べていたかもしれません。

佐野厄除大師は、春日岡山惣宗寺という天台宗の寺院です。ですから、大師というのは、真言宗の弘法大師のことではなく、厄病除けで知られる元三大師《がんざんだいし》・良源《りょうげん》のことになります。元三大師の札は「角大師《つのだいし》」として知られています。

父に佐野厄除大師について知っているかと聞いたことがありますが、そんなものは知らないという答えが返ってきました。

それもそのはずです。惣宗寺が佐野厄除大師として有名になるのは、東北自動車道の佐野藤岡インターチェンジができてからのことです。それは１９７２年のことになります。父はもう、その頃には佐野と関係がなくなっていましたから、知らないのも当然です。

惣宗寺では、インターチェンジができれば、車でやって来る参拝者が見込めると、ダイレクトメールを出したり、テレビコマーシャルを打ったりして宣伝につとめました。その結果、正月三が日を中心に、佐野厄除大師は多くの参拝者を集めるようになったのです。

私は厄年の本を出しているのですが、その本を書く際に惣宗寺に取材に行き、副住職に話を聞かせてもらったことがあります。現在、その方が住職です。

この佐野が、島田家の故郷ということになるわけで、そこには島田家の墓がありました。

祖父は京都の第三高等学校に進学し、東京帝国大学に入りました。専攻は英語で、夏目漱石の後輩であり、芥川龍之介の先輩にあたります。

ただ、国立国会図書館デジタルコレクションに入っている「東京帝国大学一覧従大正元年至大正2年」を見てみると、島田確治という名の祖父は、明治44年（1911年）の入学であることがわかりますが、名前の下には「新潟平」と書かれています。これは、新潟出身の平民ということですが、なぜ新潟と書かれているのかはわかりません。本籍地が新潟だったのでしょうか。私は今回、祖父と新潟の関係についてはじめて知りました。

京都で勉強していた祖父は、そこで祖母と知り合ったようです。祖母は愛媛の今治の近くにある菊間というところの出身です。なぜ祖母が京都に出たのか、それもわかりません。祖母は5歳違いの年上女房でした。

祖父と祖母は、大正時代には東京で生活していました。祖父は、大学を卒業したあと、いったんは福井の武生中学校に赴任し、そこで英語を教えていたようです。その時代の授業ノートが残されていますが、中学校を辞め東京に出てきました。東京ではサラリーマンをしていたと言われています。

関東大震災が起こった1923年には、品川の大森にいて、祖母は1920年に生まれた父をおぶって逃げたと言います。

祖父も祖母も、地方の出身者で、東京に出てきてからはずっとそこで生活し、東京に定住するようになりました。したがって、父は東京の生まれになります。

ついでに母方のほうにふれておきますが、母の両親は福岡の飯塚の出身です。やはり大正時代に東京に出てきていますが、新婚旅行でやってきて、そのまま東京に居着いたと聞いたことがあります。したがって、母も東京の生まれです。

墓じまいの話に戻りますが、そこにはここまで述べてきたことがかかわっていまず。

問題は、墓じまいの対象になったのは誰かということになりますが、それは、父の兄でした。つまり、私の伯父にあたる人物です。伯父は早稲田大学に入学したあと、病気で亡くなったようで、私は伯父のことはまったく知りません。亡くなったのは東京だったはずですが、故郷の墓に埋葬されたことになります。

父にとって、佐野は本籍地にはなりますが、住んだことのない土地です。しかも当時、東京の杉並区には買い求めた自宅もありました。

祖父が亡くなったのは、私が小学校2年生のときでした。葬儀は自宅で行われたように記憶していますが、72歳でした。

いまなら、亡くなるには早いという年齢かもしれませんが、その当時は普通だったように思います。ちなみに、祖父が亡くなった１９６０年の平均寿命は男性で65・32歳でした。その点からすれば、祖父は寿命まで生きたことになります。ただ、晩年の祖父は認知症になり、私が物心ついたときには、まともに相手ができる状態ではありませんでした。そこには、東京帝国大学を出たという面影がありませんでした。

葬儀には僧侶がやってきたはずですが、それはどこの僧侶だったのでしょうか。やがて墓じまいをすることになる、佐野の菩提寺からやってきたのでしょうか。祖父と祖母は、戦争中に佐野に疎開していました。そのとき祖母は、菩提寺の住職が金にうるさいので、それをひどく嫌うようになったと聞いています。となると、佐野から僧侶を呼んだわけではないのでしょうが、その辺りのことはまったくわかりません。

これは母から聞いた話ですが、祖父の死後、祖母は近くを散歩して帰ってくると、「よい墓があったので、それを買ってきた」と語ったそうです。島田家の宗旨は臨済宗だったのですが、同じ禅宗ならいいだろうということで、祖母は曹洞宗の寺の墓地を購入したのです。

祖父は、そこに葬られることになりますが、祖母は疎開していたときの経験があるため、「戒名は要らない」と寺のほうに申し出ました。

そんなことを言い出せば、普通は寺とトラブルになります。戒名料をとることができないからです。

ところが、島田家の菩提寺となった寺は、経済的に恵まれているのでしょうか、万事鷹揚で、祖母の無理な願いをそのまま聞き入れてくれました。そして、その後墓に葬られた祖母自身も、そして父も、俗名のままです。

こうして島田家の墓が東京に出来たわけですから、伯父の遺骨も持ってこようということになったのでしょう。かくして、父は私を連れて佐野に行き、墓じまいをしてきたのです。

墓守が不足した社会で、墓じまいは誰もが直面する問題

その時代に、墓じまいをした経験のある人は、それほど多くはないはずです。私の家の場合には、東京に墓が出来たことで、伯父の改葬が可能になりました。

佐野という土地は、父にとってはさほどなじみのない所です。帰省するような家もありません。親戚づき合いもほとんどありませんでした。一度、佐野の近くで親戚の子どもと遊んだ記憶はありますが、私にとっての故郷についての体験はそれだけです。私の下には二人妹がいますが、妹たちは、まったくそういう経験をしていないはずです。

この墓じまいを経ることで、私の家と佐野との関係は完全に切れたと考えていいでしょう。それまでも故郷という実感はなかったわけですが、それで故郷でないこ

とがはっきりしたように思います。

私は小学生だったので、父がどのようにして墓じまいをしたのか、具体的なことは理解していません。手続きなどいろいろとあるわけですが、父はそれを一人でこなしたのでしょう。そして、菩提寺に墓じまいの意向を伝え、了承を得て、墓じまいを実行に移したということになると思います。

ところで、祖母が散歩の途中で買ってきた我が家の墓は、これからいったいどうなっていくのでしょうか。

私の母も最近亡くなりましたが、父とともに墓に入ることになります。

次に可能性があるのは、私ということになります。いったいいつまで生きられるかはわかりませんが、墓に入るとすれば、現在の墓でしょう。

しかし、上の妹の場合には、結婚して大阪に住んでいます。その夫は三人兄弟の次男なので、故郷である富山の墓に入るわけではないでしょう。となると、どうするのか。その辺りのことについて、まだ聞いたことがありません。

下の妹はやはり結婚していますが、相手はトルコ人です。夫婦でずっと母と同居していました。夫はトルコには絶対に帰らないと言っていますから、やがては日本で葬られることになりそうです。妹は島田を名乗っているので、島田家の墓に入るのかもしれませんが、二人には子どもがいません。

私の場合にも、二度の結婚で、二人の娘がいますが、男の子はいません。もちろん、女性が墓を守っていってもいいわけですが、将来いったいどうなっていくのか、予想できないところがあります。

少なくとも、一つはっきりしているのは、いまの島田家には、将来墓を守っていく男性がいないということです。

となると、いつか無縁墓になってしまうのでしょうか。それとも、墓じまいをどこかでしなければならないのでしょうか。

こうしたことは、私の家だけのことではないでしょう。いまでは社会のあり方が変わり、それにつれて家のあり方も大きく変わってきたので、家を守り続けるということがひどく難しいものになってきました。そもそも、家を守り通していく必要性がなくなってきたという面があります。

つまりそれは、いま墓があるどの家でも、それほど遠くない将来に、墓じまいを経験する可能性があるということです。

それは、墓じまいが特別なことではなくなったことを意味します。

第2章

墓じまいにまつわるわずらわしさと解放感

そもそも「家」というものは永く続かない

墓じまいというものが実際にどのように行われるのか、それについて書かれた本に上野誠『万葉学者、墓をしまい母を送る』（講談社）があります。タイトルのなかにある「墓をしまい母を送る」という表現は、なんとなく万葉集の世界を思わせますが、２０２０年にこの本は日本エッセイスト・クラブ賞を受賞しています。

著者は国学院大学の大学院を終えたあと、奈良大学に２０２１年まで勤めていますが、出身は福岡県朝倉市甘木というところです。

朝倉市は福岡市の東南の方角にあります。第１章でふれた私の母方の祖父母は同じ福岡県の飯塚市にいたわけですが、飯塚市は朝倉市の北で、福岡市からは東にあたります。

本のタイトルからは、著者が墓じまいを行ったうえで、母親を看取ったことがわかりますが、最初に出てくるのは、祖父の葬式の話です。

著者は１９６０年生まれなので、私からすれば7歳年下ということになります。著者の祖父の葬式は２０２０年の47年前のことで、著者は13歳の少年でした。

鮮烈なのは湯灌《ゆかん》の話です。上野少年は、祖母と母とともに自宅で死者の湯灌を行うのですが、風呂場まで遺体を背負う役割を果たさなければなりませんでした。祖母と母にはそんなことはとても無理です。

遺体は冷たいものです。その冷たさを感じないため、上野少年の背中にはバスタオルがかぶせられました。それで冷たさを感じないでもすむはずだったのですが、思わぬことが起こります。

祖父を背負って立ち上がった瞬間、「祖父の右手がだらりと下がり、私の頬を撫でた」というのです。そこには、「冷たい肉の感触」がありました。著者は、「なにごともなかったかのように取り繕おうとすればするほど、その感触を思い出してしまう苦しさ」と述べています。

この箇所を読んで、私は歌舞伎の「らくだ」という演目のことを思い出しました。

「らくだ」は、落語がもとになった爆笑ものの作品です。

らくだというのは、近所でも有名な乱暴者の男のあだ名ですが、フグの毒にあたって死んでしまいます。

そのらくだの兄貴分にあたる半次という男は、せめて弔いをしてやりたいと考えるのですが、らくだの家に金がないのはもちろん、売るものもありません。

そこで半次は、屑屋の久六にらくだの死体を背負わせます。そのまま長屋の大家の家に行って、江戸から明治にかけて流行したカンカンノウを踊らせて怖がらせ、それで酒や肴をせしめるのです。

この演目のなかには、らくだを演じている（？）役者がその顔を久六にぴたっとくっつけ、震え上がらせる場面があります。それを思い出しました。

家族が湯灌をするという弔い方は、昔から伝わる伝統的なもので、いろいろと興味を引くところですが、葬儀のあとに著者の祖父が入った墓が、これまたたいへんな代物でした。

祖父は明治28年（１８９５年）の生まれだということですが、生家は小さな呉服店でした。ところが、祖父には商才がありました。洋装の時代が来ると予測して、呉服店を洋品店に業態を変えたのです。

それが見事にあたり、洋品店は大繁盛します。後には上野デパートとなり、周辺地域ではじめてエスカレーターも導入しました。大成功です。

そこで祖父は、１９３０年、なんと二階建て、４メートルの高さの豪華な墓を建てたのです。

一階が納骨室で、５、６人が立ったまま入ることができました。内部は総タイル貼りで、木製の棚があり、骨壺を納められるようになっています。

石塔が建つ二階は、拝礼を行うことができる空間になっています。立ったままなら10人が入れたというのです。

石塔に刻まれた「上野家累代之墓」は菩提寺の宗門の管長の筆になるもので、米30俵を寄進したうえ、多額の揮毫料を支払ったと言います。

事業に成功した証が豪華な墓となったわけで、１９７３年、そこに祖父の遺骨が納められました。その後、祖父の連れ合いである祖母、そして著者の父の遺骨も同じように納められました。父の納骨は１９８７年のことでした。

父が亡くなったことで、上野氏は兄とともに墓の管理をしなければならなくなります。

ところが、大理石をふんだんに使っているため、少しでも修理しなければならなくなると、たいへんな金額がかかりました。

そこで兄と話し合い、母にも進言して墓じまいをすることになりました。

墓じまいは、墓石を取り除く作業が中心です。重い石が使われているわけですから、普通でもたいへんです。

それが二階建ての豪華な墓ですから、壊すこと自体が厄介な作業を伴います。墓石は産業廃棄物になるので、粉砕する必要もありました。上野氏は、一軒家を解体するのと同じくらいの費用がかかったといいます。数百万円かかったということでしょう。

では、上野家累代之墓に納められていた遺骨はどうなったのでしょうか。墓じまいは、そのような形で無事にすんだとしても、それに伴って改葬が必要です。上野家では、福岡市の郊外にある霊園に墓地を求め、そこに遺骨を移しました。これなら、維持費はそれほどかかりません。

ところが、これはまだ本のなかには書かれていないのですが、著者インタビューによれば、上野氏の母が亡くなったあとには、その墓も墓じまいして、遺骨は合同供養墓地の供養塔に納められたといいます。

著者は、なぜそういう選択をしたのかという問いに対して、無名性を獲得するためだと答えています。それについて、次のように語っています。

これから長い年月が経てば、いつかは私を知らない子孫が出てきます。私は忘れ去られて、そのときようやく「ご先祖さま」と一括りで呼ばれるようになるんです。それが無名性の獲得です。そのために合同供養墓地に移したんですが、親戚には、お墓がなくても、みんな心の中でお祈りしましょうと提案し、納得してもらいました（「7年間の介護ののち『墓じまい』した学者が考えた、死との向き合い方」『現代ビジネス』２０２０年5月4日)。

普通、ご先祖さまと言えば、それぞれの家を作り上げた、あるいはその家を繁栄させることに貢献した先人のことを意味します。その点では、〇〇家のご先祖というとになるわけですが、上野氏は、ご先祖を、家の枠におさまらない存在としてとらえているようです。あるいは、現在のような墓がなかった万葉集の時代に思いをはせているのかもしれません。

家には栄枯盛衰があります。

実は、私の家の場合にも、そうしたことがありました。

私の父は、東京商科大学、いまの一橋大学を卒業してから海軍経理学校に進み、戦争中はラバウルに行っていました。戦後、日本に復員し、大手の自動車メーカーに勤めますが、そこを辞めて工務店に勤めました。

時代はちょうど高度経済成長の時期にあたり、工務店は相当に儲かったようです。そのため、私が1歳のときに杉並区に一軒家を建てることができました。最初は一階建てでしたが、途中で二階建てに改築しています。庭も広く、かなり大きな家でした。

ところが、私が中学校に進学した１９６０年代の終わりになると、工務店の経営が悪化していきます。高度経済成長が曲がり角にさしかかったということでしょう。そして、私が高校に進学すると、工務店は倒産してしまいました。父は社長ではなかったのですが、経理の責任者ということで、自宅を売却せざるを得なくなります。

墓は、その自宅の近く、歩いて数分の距離にあります。ですが、上野家のように、維持することだけでも多額の費用がかかるというわけではないので、それを墓じまいする必要は生じませんでした。

ただし、これはいまから十数年前のことですが、修理の必要が生じました。石塔は御影石だったのですが、その土台になる部分が大谷石で、かなり傷んでいたのです。

そこで、土台も御影石に直しました。それには１００万円くらいの費用がかかりました。

住宅も、年月が経つと傷んできて、リフォームしたり、建て直したりする必要が出てきます。墓もそれと同じで、どこか修理の必要が出てきます。地震や風水害で破損することもあります。

上野家では、上野家累代之墓と刻んだわけですが、一般にも、「〇〇家先祖代々之墓」と刻まれることが多いことでしょう。ちなみに我が家の場合には、「島田家之墓」と刻まれています。

先祖代々之墓というものが、意外に新しいものだということは、あとの章で述べることになります。現実には、代々と言いつつ、それほど多くの先祖の遺骨が墓に納められていることは、むしろ稀です。家というものは続かず、墓も長い間受け継がれることが難しいのです。

墓じまいで顕在化する親族間の面倒な関係

上野氏の場合は、豪華で巨大な墓をどうしまうかが課題になったわけですが、墓じまいについての問題はほかにもあります。

これはインターネットで見つけた記事ですが、「長女はつらいよ　長女の墓じまい」というものがあります（「あっぱりすと　団塊ジュニアの終活メディア」）。

どこの地域での話かはわからないのですが、墓じまいの対象となった墓は、なんと山のてっぺんにありました。

写真が掲載されていないので実際のことがわからないのですが、載せられたイメージ写真からすれば、とても見晴らしのよい場所にあったようです。

ただ、山の上ですから、そこまで登るのは容易ではありません。簡単に墓参りができないわけです。

著者の母は、生まれつき足が悪く、墓参りには行きません。著者には妹がいるのですが、そちらも、家のことは姉に任せっぱなしです。したがって、著者と父がせっせと山登りして墓参りをしていました。

なぜそんなところに墓があるのでしょうか。

それは、菩提寺が山の上にあり、墓地もそこにあるからです。

そうした状況が続いていきますが、著者が結婚し、実家を出て5年後に、ある出来事が起こります。

父が会社で転落事故にあったのです。脳挫傷、外傷性クモ膜下出血で重症でした。肺炎も起こし、命の危機もあるという状況に立ち至りました。

そこで父の兄弟に連絡をして、病院に来てもらったのですが、その兄弟は、「労災だから、お金取れるよ」と言うばかりです。どうも、著者の父に対して恨むところがあるようなのです。

翌日、著者はその兄弟と墓参りに行きました。山登りをしたわけです。その間も、著者の両親に対する恨み言を聞かされるはめになりました。

その日、いくら山を登っても、雑草だらけで墓石が見えません。探し当てるまでにはかなり時間がかかりました。

著者は唖然として、帰りがけ寺の住職にそのことを言うと、「お嬢さん、そうは言っても、難しいんですよ。わかってください」と迷惑そうに言うばかりです。住職も病気で、なかなか思うように墓地の管理ができないようなのです。

そんな状況ですから、今後は誰も墓参りができなくなるかもしれません。

それが、父の転院で思わぬ方向に進んでいくことになりました。入院して３ヵ月が経てば、他の病院に転院しなければならないのです。

転院先を探すのに苦労しますが、ママ友の紹介で転院先が決まります。

その時点で、父はだいぶ回復し、リハビリをする段階になっていました。

そのとき、たまたま父と同室の年配の男性から、母が世間話のなかで、「今度、○○寺に納骨堂ができるらしいですよ。永代供養もしてもらえるとか」という話を聞かされます。

母は、それまで「永代供養」ということばを聞いたことがなかったようで、電話で、著者にそのことを伝えました。著者もはじめてそのことばを知ったのです。母は、そこから山の上の墓をしまい、納骨堂に納めることを考えるようになります。

墓じまいと納骨堂への改葬については、日頃世話になっている仏壇店がすべて取りしきってくれることになりました。

それが行われたのは、記事が掲載された10年ほど前ということですから、2010年頃になります。記事には費用も掲載されています。

永代供養の契約料　約120万円
お墓の移転、仏壇の設置、お墓の処分等、つまり、仏壇店に払った費用　15万円
維持費（永年）15万円
護持会費　年間6600円

全部でおおよそ１５０万円かかったことになります。父の兄弟に分担してもらうこともできたはずですが、折り合いが悪いということで、著者の家ですべてをまかなったとのことです。

この記事を読んで感じるのは、著者が墓参りということをとても大切なことと考えているということです。なんとしても墓を守っていかなければならない。そういう思いがつづられています。

ただ、現在では、こうした思いを抱いている人間は少数派になっているのではないでしょうか。むしろ、著者の姉のような考えのほうが、とくに都会では主流になってきている気がします。

このケースの場合、費用は標準的なものだったと言えるでしょう。仏壇店が世話をしてくれたことで、面倒も少なかったようです。

ただし、父の入院で浮上したのが、父親の兄弟との関係です。兄なのか、弟なのか、それは明らかにされていませんが、おそらく弟でしょう。墓じまいについて、その弟がどういう反応を示したかは具体的には書かれていません。

しかし、「親戚との話し合いをしなかった」ことが反省点としてあげられています。そして、「今回、墓の移転をしたことで、親戚とは少なからず軋轢が生まれました」とも書かれています。

墓じまいが厄介な問題を生むとしたら、一つはこの親戚との関係があげられます。いままでも、長男が墓を中心的に守っていく役割を果たすことが多いわけですが、兄弟姉妹もいるわけで、そこには考え方の違い、あるいはそれまでの人間関係がどうだったのかということが深くかかわってきます。

長男が、自分の判断で墓について勝手に決めてしまうと、他の兄弟姉妹も墓参りに行ったりするわけで、軋轢が生じることにもなりかねません。

なかには墓にこだわりをもっている兄弟姉妹もいるでしょうし、反対に、まったく無関心という人間もいます。

『万葉学者、墓をしまい母を送る』のなかに、これと関連することなのですが、祖父が亡くなった直後の話が出てきます。

女性たちには賄いという仕事がありました。なにしろ、仮通夜、本通夜、告別式で、参列者に食事をふるまわなければならないからです。その3日間で数百食を用意しなければならず、親戚や近所の女性たちがそれを手伝います。

一方、男たちは何をやっているかと言えば、葬式の段取りについて酒を飲みながら話し合いをしています。それはグダグダした話し合いで、何も決まらないまま続いていきます。最後は喪主の意向を尊重しようというところで決着がつくのですが、大事なのは、皆に言いたいことを言わせることです。いわばガス抜きがはかられたのです。

この話を読んで思い出したのが、民俗学者の宮本常一が書いた『忘れられた日本人』（岩波文庫）という本のことです。

そのなかには、村の寄り合いについて書かれた箇所があるのですが、それがまさにグダグダした話し合いで、延々と何日も続いていくのです。寄り合いでは多数決などは決してしません。多数決で物事を決めると、不満を持つ人間が出てきて、あとでこじれるからです。寄り合いもガス抜きの役割を果たしているのです。

「長女はつらいよ　長女の墓じまい」の記事のなかには、墓について親戚が集まって、ああでもない、こうでもないと話し合う場面は出てきません。もしも、そうした場があったとしたら、著者も、親戚のことについてさほど悩む必要はなかったかもしれません。

この記事では最後に、墓じまいをして変わった点についても書かれています。納骨堂のある寺は平地にあり、エレベーターもバリアフリーです。母もそれなら行けるようになったし、リハビリの結果、父も歩けるようになって、二人で墓参りをしているそうです。それで墓参りの回数も増えました。

納骨堂は寺が管理をしていますから、清掃の手間はかかりません。行事は増えましたが、強制的に参加させられることもなく、最低限ですみます。

支出については、前と変わらないとのことです。著者は、墓じまいをしてよかったと結論づけています。山登りして、ようやく墓参りが果たせる。その義務がなくなり、解放されたのです。

檀家制度がもたらす菩提寺とのトラブル

最近の納骨堂の事情について書かれているものに、井上理津子『いまどきの納骨堂　変わりゆく供養とお墓のカタチ』（小学館）という本があります。

そこには、墓じまいをめぐる寺とのトラブルについて書かれています。

それは、東京都三鷹市に住む40代の夫婦の話なのですが、茨城県北部の町の寺に墓じまいを申し出たときのことでした。

夫のほうが、「父が亡くなったので、妻の実家のお墓とまとめるために『両家の墓』を購入し、納骨することにしました。なので、こちらのお墓をたたんで、祖父たちもそこに移します」と切り出したところ、相手の70代と思われる僧侶が烈火のごとく怒り出したというのです。

僧侶は、「なに？　お父さんが亡くなった？　知らせもよこさなかったのか」、「そんな勝手なこと、許さん」、「先祖代々の墓を何だと思っている」と言うのです。

茨城の墓には、夫の祖父母と祖父の妹が入っているとのことです。亡くなった夫の父は、18歳から東京暮らしで、結婚してから墓参りに行くことはそれほど多くはなかったようで、夫も墓参りについてはかすかにしか記憶していません。

したがって、寺に墓はあっても、夫婦には寺の檀家になっているという自覚がありませんでした。

その場では、それ以上話を進めることができず、父の骨壺をリビングルームにおいたままとのことです。

寺の側と夫婦の側とでは認識が大きく違っていたわけです。寺のほうでは、夫婦を檀家として考えています。また、亡くなった夫の父には檀家としての認識があったようです。というのも、その僧侶は、「お父さんは盆暮れに送ってきていた」と言っているからです。

墓のしくみについては、あとの章で詳しく説明しますが、墓があれば、その管理者である寺や霊園に対して、毎年一定の管理料を支払うのが原則です。その義務を果たすことで、墓が維持されるわけで、僧侶はそのことを言っているのでしょう。管理料が滞れば、その墓は無縁墓となり、処分されることになります。

檀家であるということは、寺のスポンサーになるということを意味します。そのことが、夫婦にはまったくわかっていなかったということになります。それも、茨城の寺と関係がほとんどなく、檀家としての自覚を持つ機会がめぐってこなかったからです。

墓じまいをしたいと言い出して、菩提寺から多額の「離檀料」を請求されたという話はよく聞きます。離檀とは檀家から離れる、檀家をやめることを意味します。そのために、墓じまいを躊躇したというケースも少なくないようです。

このことはなかなか難しいことで、これも改めて考えてみなければなりませんが、菩提寺との関係をどうするか、その間に生じたトラブルをどうするかは、墓じまいに伴う重要な問題です。

逆に、そういう問題があるからこそ、さっさと墓じまいをして、檀家から離れたいと考える人も出てくるわけです。

檀家制度は過去のものと思われるかもしれません。とくに都会に住んでいる人間には、そう感じられることでしょう。けれども、それは依然として存在し続けているのです。

どうやら、墓じまいで荷を下ろすには、その前にしなければならないことがかなりあるようなのです。

第３章

どうすれば
墓じまいはできるのか

日本社会で増え続ける無縁墓と改葬

墓じまいを終えた人は、ひとまずホッとしていることでしょう。

墓があれば、その墓を守っていかなければなりません。

墓を守るためには、管理料を払い続けなければなりません。また墓参りをして、その墓を掃除する必要もあります。

その際に、墓がどういった墓地にあるかで、しなければならないことが変わってきます。

地方自治体の墓地や民間霊園にあるというのなら、管理料を支払い、墓自体の掃除をすれば、それで墓についてやるべきことは終わります。

ところが、墓が寺の墓地にあるというなら、事情は変わってきます。それは寺の檀家になっているということです。寺は寺檀関係を結んだ菩提寺になります。管理料を支払うだけではなく、寺の建物を修理するなどの際には、檀家がそれを負担しなければならないこともあります。

なぜ、そんな負担をしなければならないのか、理解できないという人も少なくないでしょう。

そうした面倒を避けたいがために、現在では墓じまいをする人たち、あるいは家が増えています。

墓じまいは、その墓の管理者が自発的に行うものです。

それに対して、管理する人間がいなくなる、あるいは、意図して管理を放棄するケースもあり、その場合には、墓が放置され、「無縁墓」になっていきます。

無縁ということばは仏教に由来するもので、本来は、仏の教えに縁がないことを意味します。有り難い教えに接していない、それが無縁です。そこから転じて、現在では弔ってくれる縁者がいない死者や墓のことをさします。

厚生労働省による「衛生行政報告例」には、無縁墓になった数や改葬の数が示されています。

無縁墓になって撤去された数は、2009年度で2675件でした。それが2018年度では4033件と増えています。およそ1・6倍になったことになります。改葬の件数のほうは、2009年度で7万2050件だったのが、2018年度では11万5384件に増えています。こちらも、およそ1・6倍に増えています。

改葬は、古い墓の墓じまいを伴うわけですから、無縁墓として処理されたものを加えると、2018年度では12万件近い墓じまいが行われたことになります。

いったい日本全国に墓の数がどれほどあるのか、これについてはわかりません。墓地の数は、全国で86万ヵ所を超えているようですが、これは、あくまで墓地の数であって、それぞれの墓地にある個々の墓の数はわかりません。

仮に、1世帯に1件の墓があるとしたら、全国の世帯数はおよそ6000万世帯ですから、墓は6000万件に達するということになります。

6000万件のうち12万件なら、0・2パーセントです。一方で新しく建てられる墓もあります。

その点だけを考えれば、まだ墓じまいは少数派であるということになりますが、12万件が数として多いのも事実です。

しかも、それが増え続けているとするなら、墓じまいという行為は決して珍しいものではなくなってきたということになります。

墓じまいさえ業者に依頼する時代になった

　では、具体的に墓じまい、改葬はどのように行えばいいのでしょうか。

　墓じまいということが話題になったのは、どうやら2014年からのようです。国会図書館で検索してみると、『週刊東洋経済』の2014年8月23日号が、「実家の片づけ　みんな実家に悩んでいる」という特集を組んでいるのがわかります。その特集のなかに「片づけのクライマックス実家の墓じまい」という記事が含まれていました。

　この年の11月には、八城勝彦『墓じまいのススメ　これが親の子孝行』（廣済堂出版）という本も出ています。著者は霊園業の代表取締役社長です。

　それからは、墓じまいについての本が次々と出版され、雑誌でも頻繁に取り上げられるようになっていきました。

墓じまいが一般化して、わずか数年ということになります。２０１４年と現在とを比較したとき、大きな違いは、いまでは墓じまいを請け負う業者が数多く現れたところにあります。２０１４年の時点では、そうした業者はほとんどいなかったのではないでしょうか。

インターネットで検索してみれば、そうした業者の広告をいくらでも目にすることができます。墓じまいを専門としている業者も少なくありません。なかには、檀家であることをやめる離檀の交渉を請け負うとうたっている業者もいます。

人を葬る、あるいは人を弔うという行為は、昔は家族が中心になって行うものでした。ただ、家族だけではすべてをまかなえないので、地域の人たちがそれを手伝うという形で行われました。

それが、現代では業者に依頼することが当たり前になってきました。葬式を出すときにも、葬祭業者にすべてを任せ、会場も葬祭会館、セレモニーホールで行うというのが当たり前になっています。

つい最近、私は母を看取りましたが、葬式については知り合いの葬祭業者に依頼しました。直葬だったので、一般的な葬儀はあげていません。家族、親族が集まって火葬場で母を見送りました。

亡くなった翌日に湯灌をしたのですが、それも業者に頼みました。いまでは、湯灌専用の風呂桶のようなものがあり、それを持ちこんで行うのです。すべては業者任せで、髪もシャンプーし、リンスもしてもらいました。最後の化粧も、業者がしてくれました。

『万葉学者、墓をしまい母を送る』にあるように、家族がたいへんな思いをして湯灌する必要はなくなったのです。

ですから、墓じまいについても、すべてを業者に依頼すれば、それですむということにもなります。もちろんそうなれば、それなりの出費を覚悟しなければなりません。けれども、いろいろな面倒から解放されるのも事実です。

しかし、離檀については、業者に依頼することで、かえって菩提寺との関係がこじれることもあるようです。

それに、これは葬儀に関連して頻繁に起こることですが、果たしてこの業者を選んで正解だったのか、あとで悩んだり、後悔したりすることも珍しくありません。

そうした後悔を防ぐためにも、墓じまい・改葬について、それを行う側が、その仕組みを十分に理解しておく必要があります。

墓じまいの手続き・進め方

改葬は、故人の遺骨の引っ越しです。

生きている人間が引っ越すときには、家財を運ぶということが基本です。

しかし、引っ越しに伴う書類上の手続きもどうしても欠かせないものです。住民票を移すことからはじまって、子どもがいれば、保育園や幼稚園、学校の転園や転校の手続きが必要です。

銀行やクレジットカードの住所変更も要ります。いまでは、多くの人がたくさんのカードを所持しているので、これがけっこうたいへんです。固定電話の変更手続きもあります。携帯電話、スマートフォンでも、やはり住所変更は必要です。

いまでは、転居通知のはがきを出すことは少なくなりましたが、年賀状のやり取りをしているのなら、これも必要です。

人間が移動するということは、いろいろと面倒なことです。生活の規模が大きくなってくると、家財も家族も増えるわけで、手続きをしなければならない事柄も増えてきます。すべてをやりきるということ自体が難しいことで、必ずやり残したことが出てきます。

改葬するというときにも、書類関係の手続きがいろいろとあります。墓じまいをして、遺骨を新しい墓や納骨堂に移すという物理的な作業だけではすまないのです。

墓じまいのガイドブックなどには、墓じまい・改葬をどのように行えばいいのか、おおまかな流れが示されています。たとえばそれは、次頁のようになっています。

こうした表を見るだけで、墓じまい・改葬は面倒だ、やめておこうと考える人もいるかもしれません。あるいは、業者にすべてを頼もうと考える人も出てきます。

その原因は、新しい埋葬先と古い埋葬先の二つがあり、墓じまい・改葬を進めていく際に、両方のことを考えなければならないところにあります。

一般の引っ越しの場合にも、住民票を移すというときに、こうしたことが起こり

墓じまいの大まかな手順

（役所への手続きについては、自治体によって必要な書類、記入すべき内容が違いますので、閉じる墓の所在地の役所に必ず事前に確認をしてください）

①親族の了解を得る

閉じる墓の名義が、墓じまいを進める人間と別の場合は、承諾書が必要な場合もある。閉じる墓のある役所に確認をして、必要なら書面を入手する。

⬇

②新たな埋葬先の確保（墓地、納骨堂など）

新たな埋葬先の菩提寺や霊園に連絡をして、納骨に際しての埋葬手数料、お布施などの費用を事前に確認。

⬇

③閉じるお墓の管理者に連絡

檀家であるなら、菩提寺に連絡をして、墓じまいをしたい旨を伝える。長年、世話になったことへの謝意を伝え、「離檀料」や魂抜きなど、どれくらいのお布施がいるのか確認。

⬇

④石材店などに墓を解体する費用を確認

インターネットでも墓を撤去して更地に戻す業者は見つかるが、閉じようとしている墓がある寺に尋ねると、出入りの石材店を教えてくれることがある。業者を決めたら、見積りを出してもらう。墓の大きさ、形状、立地によって大きく前後するので見積り確認が必要。

⬇

⑤墓じまいにかかるおおまかな費用を算出

トータルでかかる費用を見積り、墓じまいを進めるかどうか最終決定をする。

⬇

墓じまいを具体的に進めていくには、

↓

⑥改葬許可申請書を入手する

閉じる墓の所在地の役所に連絡をして、改葬許可申請書など、必要な書類を確認し取り寄せる。役所によっては、申請者の最寄りの役所からもらう書面を代用してかまわないと言われるが、切手代を払っても、その墓が所在する役所の書面を取り寄せたほうが無難。自治体によって書面や記入事項が違い、見慣れない書面だと、寺のほうで対応しきれない場合がある。

↓

⑦必要書類に記入

改葬許可申請書などの必要書類がそろったら、そこに改葬する故人の名前や死亡年月日、埋葬年月日などを記入。

↓

⑧必要書類を寺や霊園に提出し、サインと捺印をもらう

霊園であれば運営者に郵送すればサインしてもらえる。菩提寺の場合は現地に行って、住職と面会してサインをもらう。遠方の場合は、このタイミングでその地の役所への書類提出や、墓から遺骨を取り上げることも同時に行いたい。自治体によっては、寺のサイン、捺印だけでなく埋葬証明書が必要なこともあるので事前に確認する。

↓

⑨改葬許可証を入手し、遺骨を持ち帰る

改葬許可申請書と、閉じる墓がある寺の住職のサイン、捺印または埋葬証明書を墓が所在する役所に提出して、改葬許可証を発行してもらう。また、墓から遺骨を取り上げ、持ち帰る。

↓

⑩新たな場所に埋葬する

新たな墓地に納骨する際に、改葬許可証を埋葬先に提出する。

ます。

同じ市区町村内で引っ越しをするのであれば、「転居届」だけですみます。

ところが、別の市区町村に引っ越すときには、それまで住んでいた市区町村の役所に「転出届」を出し、新しい市区町村の役所に「転入届」を出す必要があります。

転出届は、引っ越しをする前に提出しておかないと、また、古い住所の役所にわざわざ行かなければなりません。ですから、引っ越す前に提出しておく必要があります。

墓じまい・改葬だと、やり方はこれとは少し違ってきます。

墓じまい・改葬をすると決めたとき、まず必要なことは、改葬先を決めるということです。

新しい墓地を用意する、納骨堂の契約をする、そうしたことが最初に必要です。

遺骨をどこに納めるのか、それが決まっていないと、墓じまい・改葬はできません。

改葬先が決まったら、新しい墓地・納骨堂の管理者から「使用許可証」を受け取ります。

これがないと、持ってきた遺骨を納められないわけですが、その名称はいろいろです。

ほかには、墓地使用許可証、永代使用許可証（承諾証）などと呼ばれます。

あわせて、新しい墓地・納骨堂の管理者から、「受入証明書」を発行してもらいます（自治体によっては必要ないところもある）。これは、遺骨を持ってきたとき、それを受け入れてもらえるという証明です。

ここまでが、改葬する先で行うことです。これで改葬をはじめる準備ができました。

次には、遺骨がすでに納められている墓地での手続きに進みます。

まず墓地の管理者に、墓じまい・改葬をしたいということを伝え、その承諾を得る必要があります。

墓地には、地方自治体が管理しているものがあり、その場合には、市区町村の役所で、「埋葬（埋蔵）証明書」を発行してもらいます。たしかに遺骨があることを証明してもらうわけです。

そのうえで、役所から「改葬許可申請書」を受け取ります。役所によっては、申請書をインターネットでダウンロードできるようになっているところもあります。

そこには、死亡者についての情報を記入することになりますが、あわせて申請者の情報も記入します。

死亡者については、氏名、性別、それまでどこに埋葬されていたかは必ず記入する必要があります。

しかし、死亡者の死亡した日や埋葬、あるいは火葬した日となると、忘れてしまっていることもあります。その際には、「不詳」と記入することになります。

この改葬許可申請書を提出する際に、ここまで述べてきた墓地使用許可証、受入証明書、埋葬証明書を合わせて提出することになります。「改葬許可証」は、後日送られてくることになります。

地方自治体の墓地・霊園に墓があるという場合には、このように事務的に進んでいきます。書類に不備がなければ、改葬許可証を後日受け取ることができます。

ただ、墓地・霊園には、民間霊園があります。あるいは、寺などの宗教法人や財団法人が運営しているものもあります。

民間霊園というものは、「宗教宗派を問わず」という形で募集をしているので、宗教法人とは関係がないように思われるかもしれません。

しかし、墓地・霊園を造るには、地方自治体の許可が必要で、それを運営できるのは自治体自体か宗教法人と財団法人に限られます。墓地の広告を見ていると、「宗教・宗派を問わず」とされ、小さな文字で寺の名前が記されていたりしますが、それは、宗教法人としての寺が運営しているものの、その宗教に入信し、檀家になる必要はないということを意味します。

株式会社が墓地を運営できないのは、永続性が保証されないからだとされています。ただ、宗教法人や財団法人が倒産しないというわけではありません。納骨堂の建設をする際に多額の借金をしたにもかかわらず、それを利用する人が現れず、倒産した宗教法人も実際にあります。

民間霊園なら、檀家関係を結んでいないので、地方自治体の墓地・霊園と同じような形で、改葬の承諾を得ることができます。

寺にある墓を閉じるときは「離檀料」が発生する

ところが、これは前の章でふれた、僧侶が烈火のごとく怒った事例にも関係してくるのですが、改葬前の墓が寺の墓地にあるとなると、簡単に承諾を得られないという事態が起こることがあります。

というのも、その場合、たんに寺の墓地に墓を設けたというだけではなく、この章の最初に述べたように、寺の檀家になっているからです。そうなると、墓じまい・改葬を行う際に、離檀という手続きが伴います。墓をしまい、遺骨を移すということは、檀家から離れるということなのです。

その際に問題になってくるのが、「離檀料」です。離檀料のことは、墓じまい・改葬のことが言われるようになって話題にあがるようになってきました。これも最近の現象になります。

離檀料は、法律で定められたものではありません。「料」ということばが使われているので、料金のように思われますが、それはあくまで檀家が出す「布施《ふせ》」で、本来は自発的なものです。

これは「戒名料」と同じことですが、戒名料もやはり料金ではなく、布施であるというのが本来の形です。

しかし、戒名料も離檀料も、寺の側が額を示すことが多いので、檀家にとっては料金という感覚が強くなっています。

檀家のなかには、離檀料など払いたくないという人もいます。

逆に、寺の側は、離檀料を払ってもらわなければ、墓じまい・改葬を許可しないと言い出すようなところもあります。

それで、寺と檀家の関係がこじれる。まさに前の章でふれた事態が起こるわけです。

だからこそ、寺との交渉も請け負うという業者が出てくるわけで、そこに需要があるのです。

寺にとって、離檀されるということは、寺を支えてくれるスポンサーを一軒失うということですから、経済的に痛手です。最近では、檀家の数が減る傾向にある寺が多いので、できるだけ離檀してほしくないというのが本音です。

最終的には、離檀料としていくら支払うかということになってきます。その額は決まっているわけではありませんが、10万円前後というのが相場だとも言われています。毎年の管理料が1万円だとしたら、その10年分ということになります。

なかには、法外な離檀料を請求してくる寺もあるようで、以前には150万円という話も聞きました。

檀家が離檀料を支払うかどうか、すでに述べたように、それは法的な義務ではありません。ただ、檀家になっているということは、それまでのあいだ菩提寺とのあいだに関係があったということです。菩提寺は、墓地に納められた故人の供養を行ってきたわけで、檀家としても、それを求めてきたという面があります。

現代の寺は、住職の家族も住んでいて、住職一家の所有物のように見えるかもしれません。しかし、それは宗教法人が所有しているのであって、住職一家のものではありません。檀家全体のものであるというのが、本来のあり方です。だからこそ、檀家には、寺を経済的に支えていく義務が生じるのです。

そのあたりの事情を考えてみれば、それまで世話になったお礼として、宗教法人である寺に離檀料を布施するというのは、決して理不尽なことにはなりません。寺は布施によって成り立つもので、それ以外に収入源がない寺も少なくありません。

それでも菩提寺との関係がこじれ、改葬の承諾を得られないというときは、どうしたらいいのでしょうか。

「はじめに」で墓埋法についてふれましたが、この法律の施行規則第2条2の一には、改葬の許可申請書にかんして、「墓地又は納骨堂（以下「墓地等」という。）の管理者の作成した埋葬若しくは埋蔵又は収蔵の事実を証する書面（これにより難い特別の事情のある場合にあっては、市町村長が必要と認めるこれに準ずる書面）」と書かれてあります。

終わりの括弧のなかに書かれていることが重要です。寺の側が承諾しなくても、別に書類があれば、改葬許可の申請ができるということです。代わりになるのは、申請者と故人の続柄がわかる戸籍謄本、あるいは、管理料の領収証などです。

したがって、僧侶が烈火のごとく怒っても、改葬を差し止めることはできないということになります。

しかし、改葬には墓じまいということが伴い、墓から遺骨を取り出さなければなりません。それを寺の墓地でやるわけですから、できるだけ穏便に進めたほうがよいということにもなります。

改葬許可証が送られてきたら、それまでの墓から遺骨を取り出します。その作業は石材店に依頼するのが一般的です。そこには、墓石を撤去し、更地にして返すという作業も伴いますから、専門業者の手をわずらわせるしかありません。

そのときに、寺の僧侶に、「閉眼供養」を依頼することもあります。閉眼供養は、「御魂《みたま》抜き」や「お性根《しょうこん》抜き」とも呼ばれます。

果たしてこれが必要なのかどうかについては、いろいろと考えなければならないことがあります。ですから、ここで論じることは控え、改めて考えることにしましょう。

閉眼供養をしたにしても、しないにしても、取り出した遺骨は、新しい墓や納骨堂に納めることになります。その際には、管理者に改葬許可証を提出しなければなりません。

新しく墓を建てたという場合には、「開眼供養」も行われますが、開眼供養があるから閉眼供養があるとも言えます。

これで、墓じまい・改葬が終わりました。いろいろと面倒で、厄介なところも少なくありません。

墓じまい・改葬をしようとする人間が高齢者であれば、自分ではそれまでにかかる手間や手続きをこなすことが難しいこともあるでしょう。しかし、墓じまい・改葬という話が持ち上がるのも、そうした状況にあるときです。年を取っての墓じまい・改葬はたいへんです。

墓を新たに造る人間は、将来のことについてはさほど考えないのが普通です。墓は永遠に続くものだと考え、墓じまい・改葬のことなどいっさい考慮しないのです。

ところが、墓じまい・改葬という事態が訪れることは決して珍しくはないのです。

では、なぜ私たちは墓という、考えようによってはひどく厄介なものを造ってきたのでしょうか。次にはその点を考えてみることにしましょう。

第4章

現在のような「墓」に長い歴史はない

縄文、弥生時代からあった日本人の墓の原型

墓じまいの対象となる墓とは、ではいったいどういうものなのでしょうか。

墓を造るのは、生き物のなかで人間だけです。

他の生き物の場合、仲間が死んだとしても、何もしません。葬儀もしませんし、埋葬するということもありません。遺体は死んだ場所に放置され、他の生き物の餌になるだけです。

人間は大昔から仲間を葬るという行為をしてきました。

たとえば、縄文時代の遺跡に、青森県にある三内丸山遺跡があります。私は一度、そこを訪れたことがあります。遺跡が発掘されたところには、住居や倉庫などが再現されていますが、発掘の際には墓も発見されています。

発掘された墓は、集落の東側にあり、かなり規模の大きなものでした。それぞれの墓は、地面に楕円形の穴を掘ったもので、手足を伸ばした形で埋葬されたと思われます。なかには、ヒスイのペンダントや矢じりが含まれていた墓もあり、あるいはそれは位の高い特別な人物であったのかもしれません。

子どもの墓も発掘されています。子どもの場合には、土器のなかに入れられていて、１歳前後と推測されます。それが８００基以上出土しています。現代とは異なり、幼い子どもが亡くなる確率が相当に高かったことが想像されます。

仲間が亡くなれば、丁寧に埋葬する。日本人は、それを縄文時代から実践してきたことになります。ただ、三内丸山遺跡の墓は、いまのように墓石を建てるようなものではありません。土の下に葬る。それが墓の原型だったのです。

縄文時代の次には弥生時代が訪れます。弥生時代になると、ただ土のなかに埋めるというのではなく、木棺に入れての埋葬が行われるようになります。要するに、埋葬に棺桶が使われるようになったのです。

弥生時代の次には古墳時代が訪れます。古墳時代は３世紀の終わりから４世紀初頭にはじまり、6世紀中頃まで続いたとされています。

古墳は、高く土を盛った墓ということになりますが、規模が大きいため、各地の豪族など有力な人物の墓だと考えられます。

古墳には、方墳、円墳、前方後方墳などの種類がありますが、鍵穴のような形をした前方後円墳がもっともよく知られています。

前方後円墳としてもっとも古いものは、邪馬台国の卑弥呼の墓ではないかと言われている奈良県桜井市の箸墓《はしはか》古墳です。前方後円墳は、一部の地域（北海道、青森、秋田、沖縄）を除いて日本全体にあり、その数は5000基前後に及んでいます。

大型の前方後円墳の周囲には、小型のものや、方墳、円墳もあります。その地域の権力者が大型の前方後円墳に葬られ、その家族など関係者が周囲の古墳に葬られたものと推測されます。権力者が大規模な墓を造るのは、日本に限らず、世界全体に見られることです。墓には、誰が権力の座にあるのかを目に見える形で示すという役割がありました。そうした墓を守り、祀っている人間は、それによって自らが権力を掌握していることを誇示することになるわけです。

都市周辺の山に葬った平安時代の埋葬地の光景

６世紀の段階になると、奈良を中心とした畿内以外の地域では、前方後円墳が姿を消すようになっていきます。それは、権力が畿内に集中されたことを意味します。つまり、大和政権が成立したのです。

そうなると、もう巨大な墓を造ることで権力を誇示する必要はなくなります。その時代になると、畿内でも前方後円墳は造られなくなっていきます（このあたりのことは、近藤義郎『前方後円墳の時代』岩波文庫に詳しく説明されています）。

古墳の事例は、墓がたんに死者を埋葬するためだけのものではないことを示しています。この点は、墓のことを考えるうえで無視できないことになります。

古墳時代のあと、飛鳥時代、奈良時代、平安時代と時代は移り変わっていきます。

飛鳥時代以降、基本的に時代の呼び名は、都がおかれていた地域の呼び名が使われることになります。

都が生まれたということは、都市化が進行したことを意味します。それは、墓のあり方を変えることにも結びついていきます。

人々が都市ではなく、それほど密集していない地方の集落に生活しているなら、土地はいくらでもあるので、集落の近くに墓を設けることができます。

もっとも、古代から中世にかけては土葬が中心ですから、墓と言っても、ただ土のなかに埋葬するだけで、墓石を建てるようなこともありませんでした。

ところが、奈良や京都に都ができると、人々が住んでいるところのすぐそばに埋葬することが難しくなります。都市は多くの人たちが日常の生活を送る場ですから、そのなかに死者を埋葬するわけにもいかないのです。

そこで、死者は都市の周辺にある山に葬るようになります。奈良も京都も、どちらも山に囲まれています。山のなかに埋葬する場所を求める、そうしたことが行われるようになりました。

奈良では川の跡から、蓆《むしろ》に包まれた人骨が発掘されたりしています。これは、遺体を川に捨てたことを示しています。果たしてそれが、埋葬の一つの方法である「水葬」と言えるのかどうかはわかりませんが、出雲大社の祭司である出雲国造の場合には、大切なのは国造のなかに宿る魂で、からだのほうは重要なものではないという考え方があり、亡くなった前の国造の遺体は近くの沼に水葬されました。

平安京が誕生すると、都の周囲にある鳥部野（鳥辺野・鳥戸野）、蓮台野、宇太野、化野、神楽岡、深草山、木幡といった山がある地域が埋葬地とされるようになります。ほかに、寺の周辺や屋敷のなか、あるいは古墳が墓地として改めて利用されるようなこともありました。

山のなかの埋葬地がどのような状況になっていたのか、それを教えてくれる史料があります。

それが、平安時代の末に作られた『餓鬼草紙』と呼ばれるものです。

仏教には、「六道」という考え方があります。前世の行いによって、死後に行く世界が異なるということで、上から天道、人間道、修羅道、畜生道、餓鬼道、地獄道という六つの世界が想定されました。餓鬼草紙が描き出すのは餓鬼道の姿です。餓鬼草紙は平安時代の末に造られたと考えられていますが、そこには、死者がどのように葬られたのかが描き出されています。

そこには、死者を埋めた土饅頭がいくつか見られます。なかには、上に石塔が建っているようなものもありますが、木の柱や木が植えられているもののほうが多く描かれています。

棺桶に入ったまま地面に放置され、蓋が外されて、イヌが遺体を食べているようなものもあります。

ほかに、亡くなったばかりの遺体が、地面にそのまま放置されているものもあります。腐敗が進んだ遺体もあれば、すでに白骨化したものもあります。餓鬼がその白骨に食らいつき、残った肉を食べていたりします。

もちろんこれは、現実を描いたものではありません。餓鬼は想像上の存在ですから、それが遺体をあさっているなどということはあり得ません。

しかし、餓鬼を抜きにすれば、埋葬地ではこうした光景が当たり前のようにくり広げられていたはずです。すべての遺体が土に埋められるわけではありませんでした。ただそこに運ばれてきて放置され、イヌなどの餌になることも少なくなかったのです。

平安京の埋葬地のうち、鳥辺野がいったいどこをさすのか、必ずしもはっきりとわかっているわけではありません。おおまかに言って、京都観光の目玉の一つである清水寺から、親鸞の墓所であり浄土真宗の門徒が納骨を行う大谷本廟のあたりをさすと考えられています。

平安時代の鳥辺野がどういった場所だったかを教えてくれるのが、『源氏物語』の「夕顔」の巻です。

物語の主人公である光源氏の愛した夕顔は、六条御息所ではないかと思われる生霊にとりつかれ亡くなってしまいます。夕顔の遺骸は、鴨川の河原を通って運ばれていくことになるのですが、その際、松明の明かりで鳥辺野の不気味な光景が源氏の目に入ってきたとされています。具体的にどういう光景だったのかは描写されていないのですが、それを見た源氏は恐怖します。おそらくは白骨が松明の明かりで照らし出されたのでしょう。

源氏は、ようやく夕顔の供養をしてもらう尼さんのいるお堂へたどり着きます。すでに、清水寺のある清水山を含めた東山の寺々の夜のはじめの勤行は終わっていて、あたりは静まり返っています。ところが、清水寺のほうだけは光が多く見え、多くの参詣者が出入りしている気配がありました。

いまの清水寺からは考えられないことですが、この寺は死体が野ざらしになっている鳥辺野の真っただ中にあったのです。清水寺には観音菩薩が祀られていますが、それも、たとえ鳥辺野で野ざらしになったとしても、来世においては観音菩薩によって救われたいと、多くの人たちが願ったからなのです。

これは、だいぶあとのことになりますが、鴨川に死体が溢れるようなこともありました。

室町時代の長禄年間（１４５７～５９年）には、全国が干ばつに見舞われ、凶作が続き、おまけに戦乱が続いていたため飢餓も発生しました。

寛正２年（１４６１年）には、「寛正の大飢饉」が起こり、飢えと疫病で、その年の最初の２ヵ月だけでおよそ８万２０００人が亡くなりました。

そうなると、死体は市中に捨てられることになりました。鴨川も死体で埋まり、死臭が立ちこめたと言います。いまでは考えられないことですが、京の都では、死体の処理が十分には行えないような状況が生まれたのです。

それに比べるならば、土葬してもらえるだけましということかもしれません。墓など造ってはもらえないという時代が長く続いたのです。

「遺骨」の出現が墓を大きく変えた

日本では、縄文時代からすでに火葬が行われていたと思われます。弥生時代に火葬されたと思われる遺骨も発掘されています。

文献資料としては、元興寺という寺を開いた法相宗の僧侶、道昭が最初に火葬になったことが『続日本紀』に出てきます。

道昭は、遣唐使船で唐にわたり、『西遊記』の三蔵法師のモデルになった玄奘三蔵に師事した法相宗の僧侶です。

火葬にされたのは、本人の遺言によってですが、仏教の開祖である釈迦が火葬されたのにならってのことと考えられます。

最初に火葬された天皇は持統天皇です。このように、かなり昔の時代から火葬が行われていましたが、対象になったのは天皇や貴族、あるいは僧侶など上層階級だけでした。火葬するには大量の薪を必要としますから、費用がかかります。一般の庶民にはとてもその費用は負担できなかったのです。それに、専用の火葬場のようなものもありませんでした。火葬するとしたら屋外で行う「野焼き」です。

インドのヒンドゥー教徒の理想は、亡くなったあと、ガンジス川の川端で火葬され、遺灰は川に流されることだとされます。

しかし、火葬にはやはり大量の薪が必要なので、貧しい人々は、死の間際にガンジス川に行き着いても、火葬してはもらえません。遺体はそのままガンジス川に流されることになります。

火葬すれば、あとには遺骨が残ります。遺骨をそのまま捨ててしまうことも考えられますが、それを墓に葬るということも行われるようになっていきます。

土葬も火葬も、日本に限らず、世界的に行われてきた遺体の処理の方法です。ただ、この二つには大きな違いがあります。土葬すれば、それを行ったあとには何も残りません。しかし、火葬となると、遺骨が残ることになるのです。

骨というのは、なかなか不思議なものです。その点は、墓じまいということにも深く関係していきます。遺骨は、それが存在するだけで、特別な力を発揮するからです。

釈迦は火葬され、遺骨が残されました。その遺骨は「舎利」、「仏舎利」として信仰の対象とされました。

仏教も宗教の一つですから、釈迦の説いた教えが重要なはずです。しかし、どうも仏教のはじまりを考えてみると、教えやそれを記した経典よりも、仏舎利への信仰が重要な意味を持っていたように思えてきます。

仏舎利を納めるために建てられたのが、仏塔です。インドではストゥーパと呼ばれました。それは、土饅頭を石で造ったような形をしています。仏塔が建てられることで、それは仏教を信仰する人々の信仰対象になりました。

私たちは、自分の家の墓がある場合に、定期的に墓参りに出かけていきます。墓に行けば、そこをきれいに掃除し、花や水を供えて、その前で手を合わせます。

これは、亡くなった先人、つまりは先祖に対して感謝する儀式であり、宗教的な行為の実践を意味します。その際に私たちは、先祖の遺骨を礼拝していると言うこともできます。

墓とは何かを考えるうえで、この点は重要です。墓は、たんに遺骨を納めている場所にはとどまらず、礼拝するための場所でもあるのです。

これは、墓じまいとも関係してきます。墓をしまうということが、先祖に対する供養を行う場所を失うことにもなってくるからです。あるいはそこに、墓じまいを躊躇させる原因があるかもしれません。

火葬の普及が庶民の墓造り、墓参りの習俗を生んだ

墓がたんに遺骨を収納する場所であるとするなら、話は簡単です。生活に便利なように、場所を移動する、つまりは改葬することも勝手に行えばいいのです。しかし、墓が礼拝の対象になっているため、そこにはさまざまなことがかかわってきてしまいます。

一般の庶民の家で墓を建てるようになるのは、火葬が普及してからのことになります。

土葬の場合、棺桶に入れた遺体を埋葬します。棺桶には、座ったままの姿勢で遺体が納められる「座棺」と、寝た姿勢で納められる「寝棺」とがあります。現代の火葬で用いられるのは寝棺です。

どちらにしても、棺桶は木製ですから、埋葬して時間が経てば、腐っていきます。それは遺体についても言えます。遺体も棺桶も朽ちていくので、その上に盛った土は、時間の経過とともに陥没していきます。

私は、１９８０年代のはじめに山梨県内の山村で行われた宗教についての調査に参加しましたが、その村では土葬でした。

村に一軒ある寺は村の共同墓地に隣接していて、村の人たちは亡くなるとそこに葬られることになっていました。葬ったところは、たしかに陥没していました。

そうした状態になるので、その上に石塔を建てるわけにはいきません。目印として木の墓標を建てるだけです。

民俗学では、こうした墓のことを「埋め墓」と言い、それとは別の場所に墓参りするための墓を設けたものを「詣り墓」と呼びます。その村でも、詣り墓が別にありました。ただ、調べてみると、古いものであれば、「親分」と呼ばれる村の中心的な家の墓が大半を占めていました。

つまり、詣り墓を造るのは村の有力者の家だけで、一般の家では、埋め墓に埋葬して、それで終わりだったのです。どの家にも墓があるわけではなかったのです。そうなると、亡くなった人は供養されなかったのでしょうか。墓がなければ墓参りもできない。いまではそのように考えられることでしょう。

そんなことはありませんでした。

そうした時代には、墓で先祖の供養を行うのではなく、それぞれの家にある仏壇が供養の対象になりました。どの家でも墓を造り、墓参りを行うというのは、火葬が普及してからの習俗なのです。

以前、講演をするために青森を訪れたことがあります。そのとき、地元の人たちから「位牌堂」というものがあるということを聞きました。

私はそれまで位牌堂の存在自体を知らなかったので、見学をさせてもらいましたが、それは、寺のなかにあり、仏壇が並んでいるものでした。いま増えている納骨堂に近いもので、それぞれの家は、仏壇を借りて、そこに位牌を納めるのです。ただ、納骨堂と違うのは、遺骨は納めないということです。

仏壇のなかには大きなものもあり、それは位牌堂の本尊の近くにありました。小さなものは、本尊から遠く、３段重ねになっていました。もちろん、大きさによって、料金が異なるのです。

地元の人たちは、家には仏壇があり、墓地に墓もあるのに、位牌堂に金をかけるのは無駄ではないかという話をしていました。

おそらく昔は、個々の家で墓は造らず、供養をするというときには位牌堂の位牌がその対象になっていたのでしょう。そうしたこともいまでは忘れ去られ、なぜ位牌堂まであるのかという疑問の声が上がるようになったのです。

墓に遺骨を納めるという習俗は、火葬が普及してからのものになるわけで、長い歴史を持っているというわけではありません。そして、葬り方も時代とともに大きく変わっていきます。決して、昔通りのやり方がそのまま現代にまで受け継がれているというわけではないのです。

仏教式葬儀と「先祖供養」はいかに日本に広まっていったのか

日本では、死者を供養するということが仏教の信仰と結びついたところに大きな特徴があります。

日本には、土着の宗教として神道があります。神道は死の穢れを嫌います。

それに神道の場合には、来世の信仰がそれほど発達しませんでした。

古事記には、亡くなった伊邪那美命《いざなみのみこと》が黄泉《よみ》の国へ行く話が出てきます。夫の伊邪《いざ》那岐命《なぎのみこと》は、黄泉の国まで行き、妻を取り戻そうとしますが、すでに妻のからだは蛆《うじ》がわくまでになっていました。

それを知った伊邪那岐命は、あわてて逃げ出そうとするのですが、妻は醜い姿を見られてしまったと怒り、追いかけてきます。伊邪那岐命は、なんとか逃げきり、地上に戻るのですが、黄泉の国は汚いところで、とても死後に行きたいと思わせるようなところではありません。

江戸時代の国学者である本居宣長は、古事記が普通の漢文で書かれていなかったため、読めなくなっていたのを読解する作業を行い、それを大部の『古事記伝』という書物にまとめあげました。それで古事記が他の人間にも読めるようになったのですが、宣長は、古事記に書かれていることこそが、日本人が古来から信じてきたことだと考えました。

したがって、死後には誰もが黄泉の国に行くのだというのが、宣長の考えでした。宣長も、黄泉の国がすばらしいところではなく、汚いところだとわかっていました。でも、古事記にそう書かれているのだから、死後にそこに行くのは仕方がないというわけです。

黄泉の国がどこにあるのか、実ははっきりとはわかっていません。地下のイメージはありますが、地上と地続きという面もあります。しかし、遺体に蛆がわいているということでは、土葬の感覚がそこに働いているようにも感じられます。

死んでから黄泉の国に行きたいかと聞かれたら、多くの人はいやだと答えるでしょう。

その点、仏教には死後、西方中国の影響で、極楽浄土に往生するという信仰が生まれます。日本では、平安時代の終わりから、そうした信仰が生まれ、広まっていきます。仏教が死者の供養を担うようになっていくのも、こうした浄土教信仰が広がりを見せたことが深くかかわっています。

ただ、こうした浄土教信仰が、仏教が葬儀を担うようになる直接の原因になったわけではありません。

現在行われている仏教式葬儀は、曹洞宗が生み出したものです。

曹洞宗は禅宗です。総本山は永平寺です。永平寺は、禅の修行道場として知られていて、テレビなどでもその修行風景が伝えられることが少なくありません。そうした永平寺の姿に接していると、葬儀との結びつきは想像ができません。

しかし、道場を運営するには資金が必要です。曹洞宗では、修行道場を維持するための資金を調達する方法を模索し、密教なども取り入れていくのですが、そのなかで葬儀のやり方を開拓していきました。

曹洞宗を開いた道元は、中国に渡り、そこで修行をした経験を持っています。曹洞宗をはじめとする禅宗は中国で発展したものです。そして、中国の禅宗は、中国土着の儒教から影響を受けました。したがって、曹洞宗で開拓された葬儀のやり方にも儒教の影響があり、先祖供養という考え方も親、先祖に対する孝を強調する儒教のやり方を取り込んだものでした。

曹洞宗の信仰は全国に広がり、多くの信者を獲得することになるのですが、そこには仏教式の葬儀を開拓したことが影響しました。そして、他の宗派も、曹洞宗が開拓した葬儀のやり方を自分たちでも実践するようになっていきます。

曹洞宗からはじまった葬儀の方法は、まず死者を剃髪して出家したことにし、そのうえで戒律と戒名を授けるというところに特徴があります。これが、曹洞宗と同じ禅宗の臨済宗にも伝わり、さらには天台宗や真言宗、浄土宗にまで伝えられていきました。このやり方をとらないのは浄土真宗と日蓮宗だけです。

江戸時代には、寺請制度が生まれます。これは、禁教とされたキリシタンや日蓮宗の不受不施派でないことを証明する宗門改めから発したものですが、寺は、檀家になった地域の住民の出生や死亡、結婚や旅行などを管理する役割を担うようになります。いまの役所の働きをするようになったと考えるとわかりやすいでしょう。

ただ役所と異なるのは、檀家となった家が菩提寺に葬儀や法要を依頼するようになったことです。それまで一般の庶民が寺の檀家になることはありませんでした。今日の檀家という制度は、寺請制度が生んだものなのです。

こうしたあり方をさして、「葬式仏教」と言われます。

葬式仏教ということばには、日本の仏教が、教えを伝えるという役割を放棄し、金儲けにつながる葬儀だけをやっているという批判がこめられています。

しかし、キリスト教が広まった地域では、教会が葬儀を担っています。その点では、「葬式キリスト教」です。墓地も教会の敷地にあることが多く、葬儀を通して教会と信者が結びついています。

日本でも、葬式仏教が確立されることで、仏教の信仰が一般の庶民にまで拡大したという面があります。

そして、墓を造るという習俗が、火葬の拡大とともに広がっていくと、寺院の墓地に墓を設けることが多くなり、それによって菩提寺と檀家との関係がより強いものになっていきました。

このことが、墓じまいということにも影響してきます。その点については、すでに第2章で見ました。墓じまいということが、檀家から離れる離檀ということに結びつき、離檀料を請求されることが起こるようになったのです。

私たちの家が、寺の檀家になっていたりするのは、元をたどれば江戸時代の寺請制度からはじまります。寺請制度自体は、明治に時代が変わることで廃止されます。しかし、寺院の墓地に墓があれば、簡単に檀家関係を解消することはできません。それで、寺との関係が今日にまで受け継がれてきたのです。

第５章

「故郷・実家・墓」の文化はほんの一時代のものだった

東日本と西日本では、埋葬される遺骨の量が違う

最近になって、なぜ墓じまい・改葬が頻繁に行われるようになり、また、話題になってきたのでしょうか。

この点については、しっかりと考えておく必要があります。

そこには、社会の変化ということがかかわっています。

私は、第1章でも述べたように、小学生の時代に墓じまい・改葬を体験しているわけですが、まだ、その時代には、そうしたことは一般的ではありませんでした。

それも、しまわなければならない墓というもの自体が存在しなかったからです。

ここまで、土葬のことについてふれてきました。一般の庶民が土葬したとき、それは遺体を埋葬するだけで、そこは埋め墓になりました。埋め墓は墓参りの対象に

はなりません。墓参りをするには、別に詣り墓を設けなければなりません。

土葬では、遺骨があとに残らないわけですから、埋葬さえしておけば、墓を造る必要は必ずしもなかったわけです。供養は家にある仏壇で行う。墓がないので墓参りもしない。基本的にはそういう形がとられていました。庶民の家には、墓じまいの対象となるべき墓がそもそも存在しなかったのです。

埋め墓とは別に詣り墓を建てるというときにも、それは、村だったら名主や村長といった上層階級の家でのみ行われました。それでも、土葬であることにかわりはないので、詣り墓にも遺骨が納められることはありません。

墓と言えば、遺骨を納めるところと、いまでは考えられています。けれどもそれは新しいとらえ方なのです。

骨壺を墓に納めるなら、骨壺を納める空間が必要になります。それが「カロート」と呼ばれる部分です。遺骨を納める必要がなければ、カロートも不要ですから、昔の墓にはカロートはありません。

カロートと言うと、外来語であるように思えます。

ところが、これは日本語です。唐櫃がもとの形で、唐櫃とは、経巻や衣類、調度品などを納める脚のついた長方形の大型の箱を意味しています。

中国から伝えられたものなので、唐櫃と呼ばれるわけです。これは、「からひつ」と読むのが一般的ですが、「かろうど」とも呼ばれます。『日本民俗大辞典　上』（福田アジオ他編、吉川弘文館）では、「『かろーと』とは『唐櫃』が転訛した言葉」であると説明されています。

カロートは地域によってその形が異なっています。

そこには火葬後の拾骨の仕方がかかわってきます。

大きく分けると、東日本と西日本で遺族が持ち帰る遺骨の量に違いがあるのです。東日本では、遺族は遺骨のほとんどを持ち帰ります。そのため、骨壺も大きなものが用いられます。

ほとんどと言うのは、骨壺に納まりきらないと思われるときに、火葬場の係員が、一部を処分してしまうからです。注意して見ていないと、遺族はそれに気づきません。

それに対して、西日本では、遺骨のほとんどを持ち帰るということがありません。引き取るのは一部だけです。3分の1、あるいは4分の1しか持ち帰らないところが多く、骨壺も小さなものが用いられます。

骨壺の大きさは「寸」で表現されます。1寸が約30・303ミリ、およそ3センチです。骨壺には2寸から8寸まであり、2寸だと高さ7・6センチ、幅6・3センチ、奥行き6・3センチです。8寸だと高さ29・0センチ、幅、奥行きは25・2センチです。ずいぶんと大きさが違います。西日本では2寸から5寸までが使われ、東日本では6寸から8寸です。

東日本の大きな骨壺であれば、それを納めるためにカロートはかなりの広さが必要になってきます。カロート全体が石造りで、そこに骨壺に入ったままの遺骨を納めることになります。

それに対して、西日本であれば、遺骨の量が少ないこともあり、カロートは小さく、しかも底の部分が土になっていて、そこに遺骨をそのまま骨壺から出して納めることが多く行われています。墓に散骨するようなものです。カロートの横の部分が開くようになっていて、そこから遺骨を撒けるようになっていることもあります。わざわざ石材店に依頼して、墓を開けてもらう必要がないからです。

葬送をめぐる習俗というものは、地方によって大きく異なります。普通、葬儀に参列したり、納骨に立ち合ったりするのは、自分が住んでいる地域で行われる場合です。そのため、自分が経験した習俗が、日本全国に共通するものだと考えてしまいがちです。ところが、実はそうではないのです。

ではなぜ、東日本と西日本で持ち帰る遺骨の量が違うのでしょうか。

それを研究した人たちもいます。日本葬送文化学会というグループですが、彼らは糸魚川静岡構造線を境に分かれることは確認できたものの、なぜ違いが生じたのかについて、その理由を明らかにすることができませんでした（同会『火葬後拾骨の東と西』日本経済評論社）。

この点はいまでも謎なのです。

どの家も墓をもつようになったのは、つい最近のことだ

カロートがあれば、墓の規模は自然と大きなものになります。それは、ただ石塔を建てるだけの詣り墓とは相当に違います。

寺の墓地に行ってみると、古い石塔が集められているような場所を見かけることがあります。そこには、明治時代、あるいは大正時代、もっとさかのぼって江戸時代の石塔が含まれていますが、どれもそれほど大きなものではありません。それに比べたとき、現代の墓は、カロートがある分、かなり大きなものになり、それにつれて石塔も立派なものになっています。

当然、使われる石の量も多いわけで、その分値段がはります。石材店にはありがたいことです。

そうした立派な墓が一般に普及するようになるのは、戦後のことです。火葬する割合が増え、カロートに骨壺を納める必要が出てきて、墓の規模が大きくなったのです。

最初、そうした墓は都市部で造られました。戦後、日本は高度経済成長の時代を迎え、経済が大きく発展し、庶民の家でも経済的な余裕が生まれ、大きな墓を設けることができるようになったのです。

バブル経済の時代は、1980年代のなかばから1997年の金融危機の時代まで続きました。バブル崩壊は1990年代はじめのこととされますが、賃金のほうは金融危機が起こるまで上昇していきましたから、バブル的な風潮が完全におさまるまでにはかなり時間がかかりました。

バブル経済の時代には、「土地神話」が生きていて、土地の価格は上がり続けると信じられていました。

実際、かなりの勢いで地価は上昇していったわけで、自宅を購入しようとしても、それが可能な地域が都市の中心からどんどんと遠ざかっていきました。

それにつれて、墓の値段も上昇していきました。そうなると、せめて終の住処となる墓だけでも確保しておこうと、生前に墓を買い求める人たちが増えました。

高度経済成長の時代に、地方から都会に出てきた人たちが結婚し、家庭を設けたとしても、そこには高齢者はいないわけで、死者が出るということもありませんでした。ですから、墓を造る必要はしばらくの間生まれなかったのです。

ところが、両親を都会に呼び寄せる家も増えていき、そうなると、死者が生まれ、墓を造る必要も出てきます。さらには、地方から出てきた人たち自身のなかにも亡くなる人が出てきて、それで墓の需要は高まっていきました。

こうして、多くの家が墓を持つ時代が訪れます。それは最初、都会で広がったことですが、やがて地方に波及します。地方でも、土葬から火葬への転換が起こり、遺骨を納める必要が生まれました。そして、立派な墓を建てる都会の習俗が地方にも持ちこまれていったのです。

地方の、とくに農村部に行ってみると、その一画に共同墓地があり、御影石の立派な墓が立ち並んでいる光景を見かけることがあります。そうした墓は比較的新しいもので、使われている石も、かなり高価なものではないかと推測されます。それも、都会風の墓造りの影響を受けたからで、墓石に「先祖代々之墓」と刻まれていたとしても、それほど多くの遺骨が納められているわけではありません。

こうして高度経済成長の時代、さらにはバブルの時代を経て、多くの墓が造られるようになりました。いまでは、火葬率は99・97パーセントにまで達していますから、たしかに墓の需要はあるわけです。

しかし、そうした事態が、比較的新しいものであることは認識しておく必要があります。少なくとも、昔は、どの家にも墓があるというわけではなかったのです。

墓は決して伝統的なものではない。そう考えると、墓を造るべきかどうかの決断にも影響が出てくるはずです。

江戸時代から広まった寺と檀家という関係

墓は終の住処であり、死んだあとの住居というイメージがあります。

しかし、住宅と墓とは根本的な違いがあります。そのことも押さえておく必要があります。

住宅は、借りることもありますが、買うこともできます。購入すれば、所有権を手にすることができるのです。

墓についても、「墓を買う」という言い方が使われます。

しかし、墓は買ったとしても、住宅の場合とは異なり、墓を建てる土地を所有することはできません。むしろ、墓は借りるものであると考えるべきです。

ただ、住宅を借りた場合、借地は別ですが、借りた側が勝手にそこに建物を建てることはできません。マンションやアパートでも、勝手にリフォームし、部屋の配置を変えることはできません。

それに対して、墓の場合には、それぞれの家が墓石を建てることになります。どういった石を使い、どんなデザインにするか、それは建てる側の意向に任されています。

それが可能になる権利が、「永代使用料」と呼ばれるものです。永代は、永世、とこしえの意味で、永久にということを意味します。墓は永久に使うことができるので、永代使用料だというわけです。

ただし、墓を使い続けるには、永代使用料を支払ったとしても、毎年一定額を管理料として墓地、霊園の側に納めなければなりません。

分譲マンションにも、管理費があります。それと同じと考えていいかもしれません。

管理料の支払いが滞ると、それは、無縁墓になってしまいます。無縁墓については第3章でふれました。

重要なことは、管理料を支払う人間が欠かせないということです。墓を求めた人間が亡くなり、その墓に葬られたとしても、誰かが代わりに管理料を支払ってくれなければ、無縁墓の運命をたどります。

そのため、墓を求めるというとき、必ず、その墓を守っていく人間が存在していることが不可欠の条件になります。永代使用料を支払ったとしても、本人がそこに葬られたあとに管理料を支払う、たいがいはその子どもということになりますが、その役割を担う人間がいなければ、そもそも墓を買い求めることはできないのです。

墓を守っていく側には、義務が生じます。管理料も、いまでは口座振り替えで毎年支払うことができるようになってきましたが、それも地方自治体が造成した墓地、霊園の場合で、寺院が造ったもので、檀家関係を結ぶようになっていれば、檀家は毎年一度は管理料を支払うために墓参りをしなければならなくなります。寺院の側は、それが当たり前だと考えているはずです。

寺檀関係を結んでれば、すでに述べたように墓じまい・改葬をしようとすると離檀料を求められる。そういう事態が起こることになります。

ただ、必ずそうなるわけでもないようです。私が聞いた話では、一例しかありませんが、墓じまいをしたら、お金が返ってきたというケースもあります。更地にして、また他の家に販売するわけですから、そうしたことがあっても不思議ではありません。

ただし、それも、都会の便利な場所にある墓地の場合に限られることで、地方の寺院墓地なら、新たに墓を購入する家が現れない可能性が高く、金が返ってくることはないでしょう。

檀家になるということは、寺院のスポンサーになったことを意味します。寺院は経済活動をする場ではないので、それを維持するには資金が必要です。檀家は、その資金を提供する役割を担うことになります。

すでに述べたように、寺院というものは住職のものではありません。現在では、住職にも家族がいて、寺院はあたかも住職一家の所有物であるかのようにも見えますが、それは違います。寺院は、宗教法人の所有物で、住職一家の所有物ではないのです。

ですから、こんなことも起こります。

住職が結婚していて、妻とともに寺院で生活していたとします。住職の夫人は「大黒さん」などと呼ばれることもあり、寺院を運営していくうえでかなり重要な役割を果たします。旅館や料亭のおかみのような存在であると言えます。

ところが、住職夫婦には子どもがなかったとします。そして、住職のほうが先に亡くなったとします。

未亡人となった夫人のほうが、自分も僧職を持っていて、夫に代わって住職になることができれば、つまりは宗教法人の責任役員になることができれば、そのまま寺院に住み続けることができます。

ところが、僧職がなければ、それはできなくなり、寺院を出て行かなければなりません。

こんなケースもあります。

住職夫婦に娘しかいない場合です。婿をとって、その人物が次の住職になりました。ところが、住職が亡くなったあとに、娘と婿とが離婚すると、娘もその母親も寺院を出ていかなければならなくなります。母娘にとっては、婿に寺院をとられたような形になりますが、制度としてはどうしてもそうなってくるのです。

それも、寺院が宗教法人の形態をとっているからです。したがって、檀家が支えていかなければ、寺院の存続は難しくなります。

「故郷・実家・墓」が一体だったのは、ほんの一時期の現象だ

寺檀関係を結んだ菩提寺と同じ地域で生活しているなら、頻繁に行くことがあるでしょうし、寺院の行事に参加することもあります。当然、住職とは知り合いで、日頃のつき合いのなかで檀家としての自覚も強化されていきます。

ところが、戦後は、地方から都会への移動ということが相当な規模で行われ、寺檀関係を結んでいながら、菩提寺があるところとは別の場所で生活する人たちが増えていきました。しかも、相当に距離が離れていて、滅多に寺院を訪れることはなく、墓参りにも行ったりはしない。そういう人たちが増えていったのです。

それでも、都会に出てきた人に実家があれば、盆暮れに「帰省」するということがありました。その時期には、「民族大移動」などと呼ばれる大規模な帰省ラッシ

ュが起こったのです。

そこには、交通機関の発達ということが関係しています。全国に新幹線網が広がり、航空機を利用することもできるようになりました。マイカーがあれば、家族全体で移動ができるので、帰省には最適な交通手段となりました。

戦前にも、さらには、もっと昔の時代にも、職を求めて地方から都会に出てきた人たちはいました。だからこそ、日本でも都市が発展したのです。江戸時代の江戸などは、その時代、世界最大の都市であったとも言われています。

しかし、故郷に帰るということになれば、交通機関が発達していませんから、そう簡単にはできません。歩いて何日もかかるようでは、移動だけで盆暮れの休みがなくなってしまいます。民族大移動は、戦後に生まれた新しい現象です。

実家と墓、そして故郷は一つのセットになっています。実家には墓があり、実家がある地域が故郷です。故郷に帰るという場合には、実家に宿泊することになります。逆に、実家がなければ、故郷も存在しないことになります。

墓参りを目的に帰省するわけではないでしょうが、帰省したらまず仏壇で手を合わせ、滞在中に墓参りをするという人たちは少なくないはずです。ところが、両親が亡くなると、事態は変わります。実家がなくなってしまうからです。

実家に、その家の跡取りが住むようになることもありますが、兄の一家が住んでいる家が果たして実家なのかどうか、弟や妹にはどうしても実家の感覚が失われます。少なくとも、そこは帰省して気軽に泊まれる場所ではなくなります。

さらに、都会に出てきた本人が墓守の役割を担う一家の長男だったとすれば、両親が亡くなった時点で、実家も故郷も実質的に消滅します。定年後は故郷に帰ると考えている人たちもいますが、都会に長く生活していれば、そうした選択はしなくなります。

実家が処分され、墓だけがあるということになれば、そう簡単に墓参りもできませんし、管理料を支払って墓を維持することも難しくなってきます。

実家も故郷も、永遠にあるものではありません。

そこには期限があります。

そして、実家と故郷が失われたとき、墓は管理が難しいものになってしまいます。その時点で、無縁墓になった、あるいは無縁墓の予備軍になったとも言えます。

現在でも、地方から都会に出てくる人たちはいます。その人たちには、都会に出てきた途端、実家と故郷が生まれます。ただし、以前に比べれば、そうした人たちの数も減ってきていることでしょう。

このように見ていくと、墓じまい・改葬が増えてきた理由も納得できます。墓は、それを守る人間が移動しないことが前提になっているわけですが、移動が激しい社会では、その維持はどうしても難しくなります。

それに、地方を離れ、長い年月が経ってくると、故郷や実家に対して、心理的に距離を感じるようにもなっていきます。

帰省したときには、地元で通っていた学校の同窓会が開かれたりします。最初は懐かしく、また楽しい機会であっても、しだいにその感覚は薄れてきます。お互い年をとれば、病気自慢でもするしかなくなり、あまり楽しい機会ではなくなってしまうのです。

私の祖父母が、父方も母方も、出身の地域に対するこだわりやかかわりをほとんど持たなかったのも、そうしたことがあるからでしょう。

まして私の両親ともなれば、どちらも東京の生まれです。母親には、都内に実家がありましたが、その両親の故郷がある福岡とは関係がありませんでした。父親は、両親と同居しており、ほかに実家はなかったのです。

両親に続いて東京で生まれた私などには、故郷と言えるような場所はまったくありません。両親が亡くなったことで、実家もなくなりました。

それを悲しい、寂しいと感じる人もいるでしょうが、誰もが必ずそう感じるわけでもないのです。

故郷、実家、墓というセットは、一時代のものだったのかもしれません。戦後社会が大きく変わり、そうしたものが生み出されはしたものの、意外なほど長続きはしなかったのです。

第6章

私たちがもつ
残された骨へのこだわり

私たちがもつ、人の骨に対する特別な思い

人間にとって、人の骨は特別なものなのかもしれません。

私たちは、日々、他の生き物の骨に接しています。

たとえば、鯵の塩焼きを食べれば、あとには骨が残ります。クリスマスには鶏の丸焼きや骨つきのもも肉を食べたりしますが、やはり食べ終われば、鶏の骨が残ります。骨つきカルビだと、牛の骨が残ることになります。残った骨は使いようもないので、ゴミとして処分してしまいます。それをためらう人はいません。

しかし、それが鯵や鶏の骨ではなく、人の骨となると、それをゴミとして処分する人はほとんどいないでしょう。

あるいは、火葬場で家族の遺骨を引き取った人が、墓がなく、処分に困り、こっそりとゴミに出してしまうということもあるかもしれません。しかし、ゴミのなかに人骨が大量に含まれていれば、必ずや事件になり、大事になります。

最近では、「散骨」ということが広く行われるようになってきました。海や山に遺骨を撒き、墓を造らないという試みです。

私は、「自然葬」という形で散骨の先鞭をつけた「NPO法人葬送の自由をすすめる会」の会長をしていたことがあります。

初代の会長は元朝日新聞の記者の安田睦彦氏ですが、役所から自然葬は合法だという見解を出させることに成功し、それで一挙に自然葬、散骨が広まりました。いまでは、数多くの業者が、散骨の機会を提供しています。

島根県の隠岐群島には、散骨専用の島があります。カヅラ島と呼ばれる無人島ですが、そこを運営しているのは東京都板橋区にある戸田葬祭場という火葬場のグループ会社です。2021年6月末の時点で、すでに21回の散骨実施会が行われ、100体以上がその島に散骨されています。

私は、隠岐で漁師をしていたという若者に話を聞いたことがあります。カヅラ島周辺では鮑などが採れるにもかかわらず、地元の人たちは散骨の島だということで、そこには近づかないようで、鮑が採り放題だったというのです。

遺骨は恐い、人の骨は恐い。どうもそうした感情が働いているようです。あるいは、火葬した骨は墓に埋葬するべきもので、散骨などまかりならぬということなのでしょうか。

このように、人の骨は特別なものと考えられています。

そして、私たちは、遺骨を納めた墓があれば、そこに定期的に詣り、墓参りをします。お盆やお彼岸、あるいは故人の命日にと、墓参りをくり返しているのです。

墓がないために、骨壺に入ったままの遺骨を保管しているという家庭もかなりあるようですが、何かそれでは落ち着かない。そんな感覚を抱いている人もいるはずです。

それも、遺骨には意外なほど存在感があるからです。そこが、人の骨の不思議なところなのです。

仏教、キリスト教も「遺骨」によって大いに発展した

仏教の開祖は釈迦です。

釈迦は29歳のときに出家したと伝えられています。何しろ釈迦はいまから2500年ほど前の人物とされていますから、はっきりしたことはわかっていません。むしろ神話的な人物であったと考えていいのかもしれませんが、出家したあとには修行の日々を送り、苦行まで行ったと伝えられています。

しかし、苦行によっては、自らの苦を脱し、悟りに至ることができないと考えるようになり、釈迦は修行していた山を下り、瞑想に入るなかで悟りを得たとされています。

その後の釈迦は、自らの悟りが示すことを人々に説いてまわり、80歳のときに亡

くなったとされます。

ここで重要なことは、釈迦が火葬されたと伝えられていることです。火葬されれば、あとには骨が残ります。釈迦の骨は、サンスクリット語で「シャリーラ」と呼ばれます。シャリーラは、英語のボディと同じで、生きた人間の肉体を意味すると同時に、死体を意味します。そのシャリーラが中国語に音写されたものが「舎利」で、釈迦の遺骨は仏舎利と呼ばれて、信仰の対象になってきました。

仏舎利は最初、8つに分けられます。そして、それを入れた容器や灰をあわせて、10ヵ所の寺院に納められたと伝えられます。

仏舎利を納めたものが、ストゥーパ、仏塔です。いまでもインド各地にはそうした仏塔が残されていますが、それは塔と言うよりも、ドーム状の石造りの塚で、土葬の際の土饅頭に似ています。

やがて仏塔の周囲には石の柵が設けられるようになり、そこには浮彫で釈迦の生涯が刻まれるようになっていきます。なぜ仏塔を信仰しなければならないのか、その裏づけになる釈迦の物語が生み出されていったのです。

このあたりの事情については、私が書いた『ブッダは実在しない』（角川新書）を参照してください。私は、仏舎利に対する信仰が生まれてから、釈迦の生涯が語られるようになり、その教えが経典に記されるようになったと考えています。常識とはまったく逆ですが、遺骨にはそれだけの力があったとも言えます。

仏教の信仰を広めるうえで大きな役割を果たした人物がアショーカ王ですが、王は、７ヵ所の仏塔から仏舎利を発掘し、それを細かく砕き、８万４０００に分けたとされています。それは新たな仏塔を建設し、仏教の信仰を広めるためでした。

したがって、仏舎利を祀っている寺院は、インドだけではなく、インドから仏教が伝えられた各地に生まれました。

日本にも仏舎利を祀る寺院はいくらでもあります。日本で最初の寺院は飛鳥の地に設けられた法興寺（現在の飛鳥寺）ですが、『日本書紀』によれば、柱の礎となる部分に仏舎利が安置されたと記されています。

ほかにも、奈良の薬師寺の東塔などに仏舎利が安置されています。

仏教の信仰においては、釈迦の悟りということがもっとも重要で、それがいかなるものであったかを明らかにすることが、その後の仏教の営みであったということになります。

しかし、一般の人々が仏教を信仰の対象にするには、拝む対象を必要とします。その役割を仏舎利が担ってきたわけで、ここで釈迦の遺骨が残されたことが重要な意味を持つことになりました。

もしも釈迦が土葬されたり、あるいはガンジス川に水葬されていたとしたら、遺骨はなく、仏舎利に対する信仰は生まれなかったかもしれません。遺骨があることで仏教の信仰が生まれた。これは大いに注目されるところです。

というのも、キリスト教でも同じようなことが起こっているからです。

キリスト教の開祖であるイエス・キリストの場合には、エルサレムに聖墳墓教会がありますが、そこに遺骨が安置されているわけではありません。

イエスの生涯をつづった福音書によれば、十字架に架けられて殺されたイエスは3日目に復活し、その墓は空だったと記されています。

したがって、聖墳墓教会には、空になった石墓は残されていますが、遺骨はありません。

ところが、キリスト教には、教えを広める活動をしているなかで亡くなった殉教者が次々と生まれていきます。やがて殉教者は「聖人」として信仰の対象ともなっていくのですが、祀られたのは聖人の遺骨でした。それは「聖遺物」と呼ばれます。

キリスト教は一神教とされ、神は唯一の存在とされていますから、神以外のものを信仰の対象とするわけにはいきません。

そこで、聖遺物については、聖遺物信仰ではなく、「聖遺物崇敬」と呼ばれます。聖母マリアについても、「マリア崇敬」と呼ばれます。

キリスト教世界には膨大な聖遺物が存在しています。

聖人となるには、カトリック教会の総本山であるバチカンによって認められなければなりません。聖人の条件としては、死後に病気直しなどの奇跡を引き起こしたことなどの証明が必要です。

ヨーロッパ各地にあるカトリック教会は、こうした聖遺物を祀るためのものとして建てられました。そうした教会では、聖人の聖遺物が祀られています。バチカンのあるサン・ピエトロ大聖堂の場合、その名はイエスの弟子であるペテロに由来するわけですが、大聖堂にはペテロの遺骨が安置されています。最近も、それが公開されるという出来事が起こりました。

中世には、ヨーロッパから十字軍が派遣されました。それは聖地エルサレムを奪還するためでしたが、同時に、イエスやその弟子たちが活躍した地域にあるはずの聖遺物を収集するということも目的になっていました。

イエスが亡くなってから十字軍が派遣されるまで1000年の歳月が流れていますから、聖遺物が見つかるはずもありません。

しかし、十字軍は大量の聖遺物をヨーロッパに持ち帰りました。どうやって発見したのかはわかりません。とにかく、これによって聖遺物崇敬はヨーロッパで大流行することになったのです（聖遺物については、秋山聰『聖遺物崇敬の心性史　西洋中世の聖性と造形』講談社学術文庫を参考にしてください）。

聖遺物崇敬のことを見ていくと、キリスト教が果たして一神教なのか、そうした疑問も湧いてきます。日本人が八百万の神々を信仰するのと、キリスト教徒が多くの聖人を崇敬の対象とすることにどれだけの違いがあるのでしょうか。

仏舎利にしても、聖遺物にしても、それは遺骨に対する信仰です。そして、私たちもまた、墓に亡くなった家族の骨を納め、墓参りをしたときには、その骨にむかって手を合わせ、祈るのです。

日本人はなぜ「先祖供養」を大切にするようになったのか

日本の宗教の根本には、「祖先供養」「先祖崇拝」ということがあると言われてきました。

その家を作り上げた、あるいは守ってきた先祖のことを偲び、感謝するために供養を続ける。それが先祖崇拝で、日本ではその傾向がとても強いというわけです。

戦争が終わった直後、日本の民俗学の開拓者であった柳田國男は、『先祖の話』という本を出版しました。

この本では、日本人が先祖というものをどのように祀ってきたのかが描かれているのですが、柳田はそれについて説明する前に、日本人のなかに、「御先祖になる」ことへの強い願望があったことを指摘しています。

そこには柳田自身の体験がかかわっています。

柳田は、東京の南多摩郡にある丘陵地帯を歩き回っていたときに、いまの町田あたりで、柳田と同年輩の老人に出会いました。それは最近の話とされていますから、戦争中のことだったのかもしれません。柳田は明治８年（１８７５年）の生まれですから、老人は70歳前後だったのでしょう。

老人の生まれは越後の高田で　母親の故郷の信州へ行って大工になったといいます。そして兵役に就く前に東京に出てきて、そこで仕事を建築の請け負いと材木の取り引きに変えました。それがうまくいき、安定した地位を確保するとともに、６人の子どもにも恵まれました。老人は、墓についても自分の成功にふさわしいものを用意することができたというのです。

老人は柳田に対して、自分は「新たな六軒の一族の御先祖になるのです」と朗らかに語ったといいます。柳田はそこに、これまでの日本人が求めてきた成功のイメージが示されていることに感銘を受けたと述べています。生きているあいだに仕事で成功をおさめ、死後に多くのものを残すことで、先祖として敬われる。それが、日本人の理想だというわけです。

いま、先祖になるということを目標にしている人などいないでしょう。ただそれでも、死んだら墓に葬られ、家族にはせめて墓参りをしてもらいたいと考えている人はいくらでもいることでしょう。

墓が納骨堂にかわっても同じです。納骨堂は、家の近くに求められることが多いので、それなら頻繁に墓参りに来てもらえる。そんなことを考える人はきっといるはずです。

『先祖の話』を書いた柳田は、実は仏教嫌いでした。それは父親から受け継いだものので、日本人のもともとの信仰には仏教の影響がないということを、生涯をかけて証明しようとしました。それが柳田の民俗学の営みだったのです。

盆の行事は、中国で生まれた仏教の経典「盂蘭盆経」にもとづくものです。インド以外の土地で作られた仏典は「偽経」と呼ばれますが、盂蘭盆経は代表的な偽経の一つです。

盆の行事が仏教と強く結びついていることは否定しようのない事実です。ところが柳田は、『先祖の話』のなかで、盆の行事が日本土着の信仰から生み出されたものであり、仏教の影響ではないという説を立てていました。

柳田も随分と無謀な説を唱えたものです。その証明に成功しているとも思えません。

しかし、日本人の先祖崇拝がどういったものなのかについては、柳田は多くの人が納得する説明をすることに成功しています。

仏教嫌いの柳田は、死後に西方極楽浄土に往生するという浄土教信仰を否定します。

では、死者はどこへ赴くのでしょうか。

柳田は、亡くなった人間は、それまで生活していた家の近くの山に行き、そこで山の神になると主張しました。

そして、春になり、稲作を開始する季節になれば、山を下りて、田の神となり、収穫まで子孫の行う稲作の作業を見守るとしたのです。

当然、収穫が終われば、田の神はその役割を終え、また山へ戻り、山の神となります。季節に応じて山の神と田の神の交替はあるものの、どちらも先祖であり、先祖が子孫を神として見守っているとしたのです。

江戸時代の国学者である本居宣長が、古事記に記されたことをもとに、死後は黄泉の国に行くと主張したことについては、すでに第4章でふれました。

ところが、宣長の死後にその弟子になった平田篤胤は、宣長を先生として慕うあまり、先生はそんな汚い世界に行ってしまったわけはないと主張しました。その代わりに、宣長の墓のある山にいて、自分たちを見守ってくれていると、篤胤は考えたのです。

柳田も、こうした国学の伝統の上にあって、篤胤の考え方に影響を受けています。先祖が死後に山に行くという考えは、まさに篤胤から引き継いだものでした。

こうした柳田の先祖についての考え方は、とてもわかりやすいものでした。とくに稲作に従事している農家の人々にとっては、受け入れやすいものだったのです。

稲作をするうえでは、田んぼが必要です。田んぼは先祖が切り開いたもので、子孫としてはそれに感謝する気持ちを持っています。そして、先祖に自分たちを守ってくれるよう強く願うようになるのです。

しかし、先祖供養が稲作農家にとっては好ましい信仰の形態であったとしても、そうした生活をしていない人々にとっては、必ずしもそうではありません。

漁家なら漁船を購入してくれた先祖に、町工場なら工場を建ててくれた先祖に感謝の念を抱くということはあります。

ところが、それがサラリーマンの家ということになれば、先祖と言われても、そのイメージは鮮明ではありません。自分がしている仕事にしても、そこに先祖の影響があることは稀です。

その結果、都会のサラリーマン家庭では、先祖崇拝は盛んではありません。また、先祖を供養するための仏壇がない家が少なくありません。

庶民にとっての供養の場は、もともと墓ではなく仏壇だった

まだ土葬が多く、一般の庶民の家では墓を持たなかった時代、先祖供養は仏壇を通して行われました。そのことについては、やはり第4章でふれました。それが、墓が建てられることで、供養は仏壇中心から墓中心に変わっていきました。

仏壇は本来、仏を祀るものです。だからこそ仏壇と呼ばれるわけです。仏は、その家が信仰する如来や菩薩の仏像ということになりますが、実際には、仏像を祀っている仏壇はそれほど多くはありません。それでも、浄土真宗の家なら阿弥陀如来の仏画を、日蓮宗の家なら日蓮の記した「南妙法蓮華経」の曼陀羅を祀っていることも多いはずです。

ただ、多くは仏像や仏画ではなく、先祖の位牌が祀られています。仏像や仏画と

一緒に位牌が祀られていることも少なくないでしょう。

位牌は、もともと仏教の習慣ではなく、儒教の習慣であると言われます。いまの仏教式の葬儀が曹洞宗から生まれたものであることも、第４章で述べました。

曹洞宗は禅宗の一つで、中国においては、儒教の影響を強く受けました。そのため、曹洞宗からはじまる仏教式葬儀には儒教の影響が見られるのですが、位牌はその一つです。儒教は、「孝」を説き、先祖を祀ることを重視しますから、先祖崇拝が盛んです。その影響を禅が受け、仏教式葬儀にも取り入れられているのです。

こうして、位牌を納めた仏壇の前で祈りを捧げるというやり方が、日本の伝統的な先祖崇拝の形式になりました。まだ土葬が多かった時代には、どの家にも墓があったわけではないので、供養は仏壇が中心になりました。

ところが、火葬が普及することで、墓を建てることが多くなってきました。仏壇には位牌という先祖の象徴は祀られているわけですが、墓には先祖の遺骨が納められています。供養の場が仏壇から墓に移っていったのも、遺骨の存在が大きかったのではないでしょうか。

日本では、火葬が徐々に普及してきたせいでしょうか、遺骨をどうするかという問題があまり問われないまま、現代に至ったように思えます。

土葬なら墓は必ずしも要らないのに、火葬では要る。しかも、墓は決して安いものではありません。永代使用料は、墓地・霊園によって変わってきますが、都会の中心にあるようなものだと莫大な金額が必要です。たとえば、都営の青山霊園の場合、一区画が一千万円近くします。

墓地の値段は地価と比例します。都会の中心にあるものだと、青山霊園なみの価格になります。したがって、一般の庶民は郊外に墓を求めてきました。都会の中心から遠ざかれば遠ざかるほど、永代使用料は安くなります。

土葬時代の村の共同墓地であれば、故人が生きているあいだに生活していた場所のすぐ近くにあります。

ところが、郊外の霊園・墓地は、まったく関係のないところにあります。景色でもよければ、死後の住処として満足できるかもしれませんが、どの霊園もそうした立地だとは限りません。

火葬したら遺骨が残り、遺骨は墓に納めなければならない。墓埋法の規定をそのまま受け取れば、そういうことになります。

以前、『おみおくりの作法』というイギリスで撮影された映画を見たことがあります。

この映画は、役所の民生係が主人公でした。彼は、孤独死し、身寄りのない人たちの弔いを出す仕事をしています。そのために、遺族を探し出して、葬式を出してくれるように頼みこむのですが、この映画では、イギリスの火葬風景も映し出されていました。

まず遺骨は立派な骨壺に納められるのではなく、プラスチックのケースのなかに納められています。遺族は、それを引き取る場合もありますが、たいがいは火葬場にある散骨場に撒いてしまいます。

イギリスでも、最近では火葬の割合が増えています。それまでは土葬が中心でした。土葬の場合には、そこに墓が造られますが、火葬したときには、散骨してしまうほうが多いようです。骨壺に遺骨を納め、それを墓に埋葬するということはそれほど多くないようなのです。

いっそ墓を造らないという選択肢

散骨してしまえば、墓を造る必要はありません。

あるいは、火葬場が遺骨を引き取ってくれるならば、同じことになります。

そんなサービスがあるのかと驚く人もいるかもしれませんが、そもそも遺骨を引き取る量が少ない西日本では、火葬場に申し出れば、遺骨をまったく引き取らないことも可能です。私は、それを「0葬」と呼んでいます（詳しくは、『0葬　あっさり死ぬ』集英社文庫を参考にしてください）。

ただ、遺骨の大半を引き取る慣習のある東日本では、これは難しくなっています。自治体によっては、条例で遺骨はすべて遺族が引き取らなければならないと規定しているところもあります。

火葬後の骨をどうするかということについては、地域によって大きな差がありま す。とくに、東京周辺と大阪周辺とを比べてみると、相当に違います。

そこには歴史ということがかかわっているのでしょうが、大阪周辺では、遺骨をどうするかについてさまざまな選択肢が用意されているのに対して、東京周辺ではそれがほとんどありません。

たとえば、京阪神地域には多くの寺院があり、そのなかには宗派の本山も含まれます。とくに京都には、多くの本山があります。

それに関連して、「本山納骨」と呼ばれるしきたりがあります。これは、浄土真宗からはじまったものと考えられますが、遺骨の一部、あるいは全部を本山の霊廟に納めるのです。

浄土真宗の霊廟は、開祖である親鸞が葬られた場所ですので、信徒（浄土真宗では門徒と呼ばれますが）たちは死後、開祖とともにありたいと願うのです。そこから本山納骨ということがはじまったと考えられますが、かかる費用がそれほどではないので、墓を造れない人たちを救う役割も果たしています。

こうした本山の霊廟に遺骨を納める場合、かかる費用は遺骨全部でも５万円程度です。これは布施ですから、多くてもかまわないわけですが、分骨したものを納めるなら３万円くらいからできます。

私が知っている限り、いちばん安いのは、聖徳太子が創建したとされる大阪の四天王寺で、ここでは１万円で納骨ができます。四天王寺は、現在、和宗と称しています。

東京周辺でも、こうした本山納骨ができるところもないわけではありません。しかし、浄土宗の本山である増上寺だと、遺骨を全部納めると50万円かかります。大阪周辺とはかなり事情が違います。

さらに大阪には、「骨仏」というものもあります。

これは、四天王寺に近い浄土宗の一心寺というところで行われているものです。納めてもらった遺骨で、本尊である阿弥陀如来を造るというものです。戦前から行われていたようですが、戦災で焼失してしまい、いまあるのは戦後に造られた骨仏です。

私は実際にこれを見たことがありますが、骨でできているというふうには見えませんでした。印象的なのは、平日の昼間でも多くの参拝者が訪れていたことです。遺族には、仏になった故人に会いたいという思いが強いのでしょう。

遺骨をどうするのか。そこにはさまざまな選択肢があります。そのことを知っておく必要はあります。墓はどうしても不可欠だというわけではありません。

将来において、墓じまい・改葬というわずらわしい事柄に接しないですますためにも、その点を頭に入れておく必要があるのです。

第7章

墓じまいへの「ためらい」はどこからくるか

墓はただの石か、魂が宿っているのか

墓じまいということを考えたとき、それは随分と面倒だと感じる人もいるはずです。

なにしろ、第3章でふれたように、手続きはかなり面倒です。

それに、もともとの墓のある場所と、新しい墓なり納骨堂のある場所とが離れていることがほとんどですから、移動の手間がかかります。一度で済めばいいのですが、手違いがあって、何度も行き来をしなければならないことだってあります。

それに、墓じまいには墓を壊すという行為が含まれますから、そこでためらってしまう人もいます。

墓じまいをするまで、墓は祈りの対象になっていました。墓参りをすれば、その

前で手を合わせる。果たして、そうした墓を壊してしまっていいものなのでしょうか。

墓については、それをどうとらえるか、大きく分ければふたつの考え方があります。

一つは、墓はあくまで遺骨を納めるための場所で、それ自体はただの石造りのモノだという考え方です。

もう一つは、墓自体、信仰の象徴となるものなので、神聖なモノであるという考え方です。実際、寺院墓地だと、墓を新たに建てるときに、「開眼供養」ということを行うことがあります。

開眼と言うと、東大寺の大仏殿の開眼供養会のことが思い起こされます。それは国家的な大イベントでしたが、新たに鋳造された銅像の大仏に眼を入れました。それによって、銅製の置物が仏に変貌するわけです。その際、開眼を行ったのは、インド人の僧侶、菩提僊那《ぼだいせんな》でした。菩提僊那は、中国を経て来日しました。

墓の開眼は、「お性根入れ」や「魂入れ」などとも呼ばれます。性根とは、人のこころの持ち方を指しますが、その本質ということでもあります。

したがって、墓じまいをしたときに、すでに述べたように、開眼供養とは反対の閉眼供養をすることがあります。墓から魂を抜くわけです。

これは、仏壇を購入したり、廃棄するときにも行われます。新しい仏壇には魂を入れ、要らなくなれば、魂を抜くわけです。

もちろん、仏教の開祖である釈迦が、墓や仏壇に魂を入れるよう説いたわけではありません。また、そうしたことを説いている仏典を探しても、見つかることはないでしょう。

仏教では、「無我」ということが説かれます。我とは、主体としての人間のことを意味します。そんなものは実は存在していないというのが、仏教の基本的な考え方です。これは、「般若心経」のなかに出てくる、「色即是空」のことを思い起こしてみると理解されるでしょう。

ですから、墓や仏壇に魂を入れるなどという考え方は、仏教の教えからは大きく逸脱していることにもなります。

しかし、多くの人たちが、墓や仏壇をただのモノとして考えているかと言えば、必ずしもそうではないでしょう。

これは、弁護士さんから聞いた話です。家が差し押さえになり、その家を解体することになったとします。その家に仏壇があったとしたら、解体業者は仏壇には手をつけないというのです。それで仕方なく弁護士が処分をすることになるのです。その際には、仏壇店などに依頼して、魂抜きをしてもらったうえで処分するということになるようです。

自治体の粗大ゴミのリストのなかには、仏壇も含まれています。したがって、仏壇を処分しようとするなら、粗大ゴミで出せばいいということにもなりますが、それに対する抵抗はあります。

まして墓となれば、その存在感は仏壇以上です。仏壇には遺骨はないわけですが、墓には遺骨が納められています。それが、墓じまいをためらわせる一つの原因にもなっています。

逆に言えば、墓に魂を入れるという考え方が、墓じまいをためらわせる力として働いているということにもなります。

墓に魂を入れるなど、ばかばかしい考え方だ。そう考える人もいるわけですが、気にする人はどうしても気になってしまうのです。

墓のことが厄介なのは、こうした気持ちの問題がかかわってくるからです。

巨岩に神聖なものを感じてきた日本人の感性

墓が石でできているということも、かなり重要です。

日本には、石や岩、とくに巨大な岩を神聖なものとしてとらえる伝統があります。古代に神を祀るというときに、それは大きな岩があるところで行われました。

たとえば、最近世界遺産に登録された沖ノ島では、4世紀から10世紀にかけて、島のなかにいくつもある巨大な岩を舞台にして、相当な規模の祭祀が行われました。そうした岩のことを「磐座《いわくら》」と呼びます。

奈良にある大神神社は、神社の原型であるとも言われますが、神体になっている三輪山の山中には、磐座が数多くあり、以前はそこで祭祀が営まれていました。磐座があるからこそ、三輪山が神体山になったとも言えます。ほかにも、日本各地には、神聖視され、祭祀が行われてきた磐座が数多く残されています。

岩を神聖なものと感じる。その感性が現代にまで受け継がれ、墓に魂が入ると感じさせているのかもしれません。

墓に使われる石も、変化してきています。

第2章で、我が家の墓の土台に大谷石が使われていたことについて書きましたが、昔は、石を使うというときには、この大谷石が基本でした。いまでも街中で、大谷石を使った石塀は、そここにあります。

ただし、大谷石はもろく、時間が経つと、崩れてしまいます。

私は一度、大谷石が採掘される栃木県宇都宮市大谷町に行ったことがあります。ちょうど宗教美術についての本を書いていたときのことですが、大谷町には大谷寺があり、そこには大谷観音という石仏があります。これは平安時代のもので、大谷石を掘り出した千手観音ですが、顔の部分などはかなり傷んでいます。

大谷観音は観音堂のなかにありますが、屋外には平和観音というものもあります。

こちらは、太平洋戦争の戦没者の供養と世界平和を願って1954年に完成したものでで、建立からそれほど時間は経っていません。

建てられた当初は、かなり美しい姿をしていたようですが、いまでは、そうした姿は失われ、相当に時代が経っているかのように思わせる状態になっています。大谷石は、長くはもたないものなのです。

戦後は、大谷石ではなく、御影石が墓石として使われるようになりました。御影石は国内でも採掘されますが、中国から輸入される場合がほとんどです。値段も、国内産はかなり値がはるのに対して、中国産には安いものが少なくありません。

重要なことは、戦後、人工ダイヤモンドが造られるようになり、それが石を切るために活用されるようになったことです。

技術革新と国際化、それが墓のあり方に影響を与えてきたのです。

御影石は、全体に高価なものですから、石材業者にとってはそれを使った墓を建ててもらうことは商売の面で有益でした。

また、墓を建てる側も、御影石を使った豪華な墓であれば、それが優越感にも結びつきます。他の家より目立ちたい、そういう思いが豪華な墓を生んできたのです。

しかし、墓じまいをするということになれば、御影石の墓のほうが大谷石の墓より、それを壊すことに抵抗感を生みます。

では、墓じまいをしたり、あるいは無縁墓として撤去された墓石はどうなるのでしょうか。

墓石として再利用されることはほとんどありません。多くは粉砕され、道路工事でアスファルトを撒く際の材料として使われるようです。

ただし、一部、悪質な業者の不法投棄が問題になっています。あるいは、墓石1基を1万円くらいで引き取り、それをそのまま安置しているようなところもあります。「墓石の墓地」というわけです。

墓を建てるときには、墓じまいの機会がめぐってくるなどとは考えません。ところが、案外簡単に、また意外に早くそうした機会が訪れます。

墓じまいを想定した墓というものは存在しません。果たして墓は建てるべきものなのか。いまはそれを考えなければならない時代になっています。

わずらわしい菩提寺や親族との交渉

墓じまいにためらいを感じる理由としては、親族のこともあげられるでしょう。墓はそれぞれの家のものではありますが、墓じまいの対象となる地方では親戚づき合いということが重要です。

地方にある村社会で生活していれば、親戚や地域の人間関係が緊密なので、墓じまいをしようとすれば、意見を言われ反対されたり、干渉されたりする可能性があります。

しかし、墓じまいに至ったということは、すでにそうした人間関係が存在しなくなっているということでしょう。もうその地域とのかかわりはほとんどない。実家がなくなり、故郷でなくなれば、いくら自分の家の先祖の出身地であったとしても、そこを訪れることさえなくなります。もっと時間が経てば、そこには知っている人もいなくなります。あるいは、すでにいなくなっているかもしれません。

そうした面で、墓じまいをためらうことはもうありません。

引き留められるとしたら、墓のある菩提寺ということになります。檀家を続けてほしい、そのように言われるわけです。

あるいは、すでにふれたように、「檀家を離れるというのであれば、離檀料を支払ってほしい」。そのように言われるかもしれません。

あらかじめ墓じまいについて調べていたとするのなら、離檀料を請求されても、驚いたりはしないでしょう。しかし、十分な知識がないと、急に離檀料を請求され、慌ててしまうかもしれません。

離檀料の額にもよります。

以前は、高額な離檀料を請求されたという話をよく聞きました。すでにふれたように、150万円を請求されたという話も聞きました。しかも、複数のケースで150万円だったのです。

１５０万円にどういう根拠があるのかはわかりませんが、高額な離檀料を請求することで、墓じまいを思いとどまってもらおうという意図が働いていた可能性もあります。

ただ、現在では10万円前後に落ち着いてきているようです。管理料を１年で１万円として、その10年分ということが目安のようです。

「それなら仕方がない」。

それが、墓じまいをする側も、菩提寺も、納得できる額なのかもしれません。

それでも、10万円は結構な額です。現役で稼ぎが多いということなら、それほどの負担にはなりませんが、年金生活で、月々の年金額も乏しいとなれば、できれば10万円など払いたくない。そう考える人は少なくないはずです。

では、離檀料はどうしても支払わなければならないものなのでしょうか。

そこに法的な根拠があるわけではありません。

ただ、いまのところ離檀料をめぐって訴訟が起こったという話は聞こえてきません。離檀料など不当だと訴える裁判は行われていないようなのです。裁判で判決が下されれば、それが判例となり、あとに影響します。しかし、裁判が行われていなければ、離檀料が正当なのか、不当なのか、法的にはそれは明確ではありません。

裁判になったらどうなるのでしょうか。

裁判所は判決を下すと、それが判例となり、一定の拘束力を持つので、こうした問題については、判決を下すのではなく、和解を勧告するという形で解決をはかるでしょう。

もちろん、和解を拒めば判決が下されることになりますが、裁判所は極力和解の方向にもっていこうとするはずです。そして、妥当な額で折り合いをつける。そのようなことになるのではないでしょうか。

たとえ判決が下されたとしても、離檀料が正当であるとか、逆に不当であるといった明確な判断が示されることはないように思われます。

そこには信仰の問題もかかわってくるわけで、そうした領域に司法が踏み込んでいくことは、信教の自由を犯すことにもなりかねないからです。

世の中には、もめ事が好きだという人もいるかもしれません。菩提寺とやりあって、大量のアドレナリンが放出され、それがかえって気持ちがいい。そんな人もいることでしょう。

しかし、多くの人は、できることならもめ事は避けたいと考えます。離檀料を請求されて、交渉がうまくいかないと、もうそこから先は面倒だと、墓じまいをあきらめてしまう人もいます。

そうなると、毎年管理料だけは支払い続けることにもなるのでしょうが、寺が地震や風水害、火災などで損傷し、修理が必要というときには、檀家に対して寄付が求められたりします。そうしたことが嫌だから墓じまいを考えたはずなのに、結局はそうしたことが避けられなくなるのです。

管理料を支払わなければ、無縁墓になります。無縁墓になれば、一定の期間を経て、墓は処分されます。処分するにも費用がかかるので、そのまま放置されるかもしれません。

無縁墓にしてしまったことがどうしても気になる。そんな人もいるでしょう。やはり、墓じまいをはじめたら、それをまっとうするしかありません。

墓じまいは故人の思いに背くことになるのか

もう一つ、墓じまいをしようとする際に気になるのは、その墓に葬られている故人の気持ちです。

故人は、墓のある地域でずっと生活してきたからこそ、その墓に葬られているわけで、そこが唯一の故郷です。

にもかかわらず、墓じまいをし、改葬していいのか。遺骨は別のところ、故人にとっては縁もゆかりもないであろうところに移されるわけで、それは故人の気持ちを踏みにじることになるのではないか。そういう思いが湧いてきて、墓じまいをためらうこともあるでしょう。

これは、人の死をめぐって、さまざまな形で起こることでもあります。

亡くなった人間の考えと、残された家族の考えは必ずしも同じだとは限らないからです。

たとえば、亡くなった人間が、生前、葬式だけは立派なものを出してほしいという要望を持っていたとします。自分は立派な葬式に見合うだけの生き方をしてきたのだから、どうしてもそうしてはしいというわけです。

故人が、立派な葬式の費用をまかなえるだけの金を残していれば、そうした願いをかなえるしかないでしょう。

しかし、金が残されていないとなれば、遺族のほうも考えます。故人の遺志には従いたいが、それはかなわない。質素な葬式でがまんしてもらうしかない、そういうこともあります。そこで無理をして、生活に支障を来たしたら、生きている人間には困ったことになります。

遺族にもいろいろと都合があるわけです。

そもそも故人の遺志というものが明確でないことが少なくありません。そうしたことを話し合う機会もなかなかめぐってきません。高齢者に対して、葬式はどうする、墓はどうするると聞くのもはばかられる。そうした機会を見つけるのはなかなか容易ではありません。

そういうときどうしたらいいのか。

それについての対策本があります。奥山晶子さんの『ゆる終活のための親にかけたい55の言葉』（オークラ出版）がそれです。

奥山さんは、葬儀関係の会社で働いていた経験があり、その後は、葬式や終活関係のライターとして活動しています。私が、葬送の自由をすすめる会の会長をしていたときには、理事をつとめてもらいました。

この本は、なかなか巧みにできていて、ちょっとした話題を持ち出すことで、親の本音を聞き出すコツが伝授されています。

たとえば、そのなかに「おじいちゃんの墓って、遠いよね」という問い掛けが含まれています。このように問い掛けることで、親が、故郷にある先祖代々の墓に入りたいのか、それとは別に新しく墓を購入して、そこに入りたいのか、本人たちの意向を聞き出すことができるというのです。

本人たちの考え、意向がわかるということは、どのような葬り方をしたらいいかの参考になります。

しかし、それはあくまで参考であって、本人たちの遺志が絶対だというわけではありません。

それに、考えを聞いていても、それをしっかりと覚えていられるのかどうか、そこにも難しさがあります。

私は、『婦人公論』という雑誌で、東ちづるさんと酒井順子さんと鼎談をしたことがあります。そのとき、酒井さんが言っていた話がとても印象に残りました。

酒井さんは、お母さまから「私が死んだら灰は適当に撒いて」と言われたことがあったそうです。

ところが、そのときだけの茶飲み話だったので、すっかり忘れていたのです。

お母さまが亡くなり、納骨となった段階で、酒井さんはそのことを思い出しました。けれども、その段階で、まさかそんな話を持ち出すわけにもいきません。お母さまの遺骨は、そのまま墓に納められました。

本人に強い意志があるなら、生前にくり返しそのことを口に出していたでしょう。しかし、ちょっとした茶飲み話では、言われたほうが忘れてしまうのも仕方がありません。

亡くなる側が、自分の意志を書類にしたためて残しておいたとしても、遺族がそれを覚えているとは限りません。まして、書いたものがあることを伝えていなければ、遺族はそれを知りようがありません。亡くなってだいぶたってから、それが発見されても後の祭りです。そういうことも起こり得ます。

これが、直接に接してきた親や祖父母ということであれば、亡くなったあとについて考えを聞くこともできますが、以前に亡くなった先祖となれば、その考えを知ることはほとんど不可能です。

墓じまいしようとする墓には、そうした先祖が葬られています。本人たちは、亡くなる時に、ずっとこの墓に安置されるだろうと考えていたはずです。にもかかわらず、その遺骨を移してしまっていいのか。ためらいが生じる場面です。

「弔い上げ」がない墓守という役割にそもそも無理がある

日本には伝統的に「弔い上げ」という慣習があります。最近ではあまり言われることが少なくなっていますが、これは年忌法要をいつまでも続けるのではなく、期限を区切ろうというものです。

葬儀を出してから1年が経つと、一周忌がめぐってきます。それからさらに1年が経つと、今度は三回忌がめぐってきます。三回忌というのは、葬儀を第一回と考え、一周忌を第二回と考えるからです。

その後は、四回忌、五回忌などを行うことはほとんどなく、次は七回忌というのが普通です。七回忌のあとは、一三回忌、一七回忌、二三回忌、二七回忌、そして三三回忌と続いていきます。

三三回忌を弔い上げとすることが多いのですが、それも、亡くなって32年が経つと、世代交代が行われ、故人のことを記憶している人もほとんどいなくなるからです。五〇回忌を弔い上げとすることもあります。

弔い上げになれば、それ以降は、その故人を対象とした年忌法要は行わないことになります。これは、なかなか合理的なやり方です。遺族が永遠に年忌法要を続けるわけにもいきません。

ところが、墓の場合には、そうした区切りがありません。いったん墓に埋葬されれば、墓守役となった子孫は、墓を守り続けていかなければならなくなります。そこに根本的な無理、矛盾があります。しかも、一般の庶民まで墓を持つようになったのは最近のことです。

農家であれば、子孫もその土地に生活し続けるでしょう。

しかし、サラリーマンとなれば、転居や転勤など、生まれた場所で生涯を終えるということはほとんどありません。ずっと墓がある土地に生活するわけにもいかないのです。

そうした状況ですから、墓じまいをするのも仕方のないことです。社会も大きく変わってきました。先祖代々の墓を守り続けられる社会的な環境ではなくなってきてしまったのです。

墓に葬られた先祖も、子孫に多大な迷惑をかけたいと思ってはいないはずです。一定の期間供養してもらえるならば、先祖もそれで満足するしかありません。先祖の存在が子孫の生活を束縛することになるのは、決して好ましいことではないはずです。

墓じまいを考えるようになったら、それをためらう必要はありません。なんとかそれを実現する。その方向に進むしかないのです。

第8章

私たちにとって墓がもつ意味は変わった

超長寿化で変わる私たちの死生観

人間の生き死にということについて、時代は大きく変わってきました。

いまの特徴は、「超長寿社会」が実現されたということに尽きます。要するに長生きできる人が大幅に増えてきたのです。

それは、平均寿命に示されています。

２０１９年の日本人の平均寿命は、女性が87・45歳、男性が81・41歳でした。これは過去最高です。これからも伸び続けることが予想されています。

それを反映して、現在では誰もが長寿を享受できるということが当たり前と考えられています。しかし、戦争が終わった直後の段階の平均寿命は、男女とも50歳台前半でした。それが、経済の成長と歩調を合わせるように伸び、現在の状態に至っているのです。

平均寿命はあくまで平均ですから、それ以上に長生きする人もかなりの数にのぼります。

２０２０年には１００歳以上の数が、はじめて８万人を超えました。１９６３年には、１００歳以上はたった１５３人でした。１万人を超えたのが１９９８年のことですから、かなりの勢いで増加していることになります。

なんともめでたい限りですが、それにつれて、私たちの死生観も大きく変わってきました。

昔の平均寿命がどうだったかは、統計というもの自体が存在しなかったのではっきりはしません。しかし、戦後になるまで乳幼児の死亡率は高く、平均寿命は40歳台だったのではないかと推測されます。

天下統一をめざした戦国時代の武将、織田信長が幸若舞《こうわかまい》の「敦盛」にある、「人間50年下天の内をくらぶれば夢幻の如くなり」というくだりを好んだと伝えられていますが、人生はせいぜい50歳までだと考えられていた時代は相当長く続きました。

そうした時代には、いつ死が訪れるかわかりませんでした。急に病に倒れることもあれば、さまざまな災害で亡くなることもある。さらには、戦乱に巻き込まれて亡くなるということもありました。

そうした時代、人々は、自分たちは「いつまで生きられるかわからない」と考えていました。それが死生観の根本にあったのです。

『平家物語』は、「祇園精舎の鐘の声、諸行無常の響きあり」という有名なことばからはじまりますが、人生は無常であるという感覚が強くあったわけです。

人生には限りがあるのだから、それまでは懸命に生きていこう。人々はそのように考えながら、なんとか生きていこうとつとめていたのです。

「いつまで生きられるかわからない」ということは、いまでも真実です。実際、不意に命が断たれるということはあります。

しかし、その割合は相当な勢いで減り、多くの人が長寿を実現できるようになってきました。

それにはさまざまな原因が考えられます。

医療の発達や保険制度の確立ということも大きいでしょうが、何より社会全体が豊かになり、恵まれた環境が生み出されたということが根本的な理由になっているのではないでしょうか。

いまや多くの人たちは、自分も相当に長生きすると考えています。人生そんなに長い必要はない。40歳、あるいは50歳くらいまで生きれば十分だと言う人たちもいますが、そうした人たちも、特別なことがなければ、80歳、さらには90歳、１００歳と、昔は想像もできなかった年齢に達しても元気で生きていることになるのです。

その分、私たちは先のことをあれこれと考えなければならなくなっています。

いままでは65歳定年が定着してきましたが、その年で定年を迎え、仕事から退いたとしたら、老後は、20年以上続きます。１００歳まで生きられるのであれば、35年の老後が待っていることになります。

超長寿社会は、老後がべらぼうに長い時代でもあります。そうなると、その長い老後をいかにして生きていくのかということが課題として浮上してくることになります。

経済の問題は大きいです。年金だけで暮らせるのか。ある程度の退職金は支給されたものの、それを取り崩していくのは恐い気もする。70歳、さらには75歳の後期高齢者になっても働き続けなければならないのか。先のことを考えると誰もが不安になってきます。

経済の問題はなんとかなったとしても、長い老後の生活をどのようなものにしていけばいいのか、生きがいということも問題になってきます。

50代に入ると、誰もが、老後のことを考えるようになります。最初は漠然と考えているだけですが、しだいに真剣に考えなければならなくなっていきます。考えるべきことはあまりにも多く、どうしたらいいのか戸惑うことも少なくありません。

私は、まだ平均寿命が短く、いつまで生きられるかわからない、だから死ぬまで生きようと考えていた時代の死生観を、「死生観A」と呼んでいます。

それに対して、超長寿社会の死生観は「死生観B」です。それは、自分が長生きすることを前提に人生を組み立てていくもので、先のことをつねに考え続けていく生き方になります。

どちらが気楽なのでしょうか。

おそらくは、死生観Aの時代のほうが、先のことをあれこれ考える必要がない分、気が楽だったのではないでしょうか。不意に死が訪れるのも仕方がない。そのような考え方をするしかなかったとも言えます。

いったん死生観AからBへ転換したとしたら、逆戻りすることはないように思えます。もちろん、世界中の多くの国は、まだ死生観Aにあります。平均寿命がそれほど長くないからです。けれども、先進国では、どこでも死生観Bへの転換を果たしています。

死後の魂の行方に関心を示さなくなった現代人

宗教ということを考えてみたとき、それが、死生観Aの時代の産物であることは明らかです。

これはどの宗教においても言えることですが、それぞれの宗教は死後の魂の行方ということを説いています。

仏教には、浄土という考え方があります。キリスト教やイスラム教には、天国という考え方があります。

そして、どの宗教においても、地獄の存在が説かれます。生きている間に善い行いをした者は浄土や天国に行くことができるが、悪い行いばかりしてきた者は地獄に落とされるというわけです。

昔の人々は、死後に、浄土や天国に生まれ変わるということを強く願いました。それも、寿命が短く、また、生きているあいだの人生が貧しく、苦しいものだったからです。

せめて死んだあとは豊かで平安な暮らしがしたい。宗教は、人々のそうした思いを実現するために生み出されたとも言えるのです。

となると、死生観Aから死生観Bへの転換が起こると、宗教の役割はなくなってしまう可能性があります。

葬儀の際には、故人は浄土へ旅立たれた、あるいは天国に召されたなどという言い方がいまでもされます。しかし、生きているあいだに浄土や天国に赴くことを強く願っているような人たちはかなり少なくなってきました。

日本では、平安時代に、死後浄土へ生まれ変わることを願う浄土教信仰が広がりを見せました。そのための手段として「南無阿弥陀仏」の念仏を唱えることが強く奨められたのです。

地獄や浄土がどのようなところなのか、それを詳細に描いたものが、比叡山の僧侶、源信による『往生要集』です。源信は、仲間とともに、「二十五三昧会」という念仏の結社も作りました。定期的に集まって念仏を唱え、仲間が臨終を迎えるというときには、病人の周囲に集まり、極楽往生できるよう念仏を唱え続けたのです。

これは、庶民のあいだに、「念仏講」として広まりました。大きな数珠を皆でまわし、念仏を唱えるのです。なんとか浄土に生まれ変わりたい。死生観Aの世界に生きる人々は、そうした願いを持っていたのです。

それに対して、死生観Bの世界では、長寿が可能になり、現世での暮らしが昔に比べてはるかに良好なものになってきました。志を持っていても、人生のなかばで無念な死を迎えるということも少なくなってきました。

多くの人たちが、十分に生ききったうえで「大往生」をとげられるようになったのです。そうなると、来世に期待をかけることがなくなってきます。それによって、宗教の出番もなくなってしまうのです。

それを反映し、現在では、死生観Bに転換した先進国では、どこでも「宗教離れ」という現象が起こっています。

西ヨーロッパでは、日曜日に教会のミサに列席するのは年寄りばかりになり、教会を維持すること自体が難しくなっています。売却される教会も少なくありません。日本でも、それぞれの宗教団体は軒並み信者の数を減らしています。神主が常駐していない神社はかなりの数に達しています。これは墓じまいと関連しますが、寺院の檀家離れも深刻です。戦後に巨大教団へと発展した新宗教も、軒並み信者の数を減らしています（詳しい実態については、拙著『捨てられる宗教　葬式・墓・戒名を捨てた日本人の末路』ＳＢ新書を参照してください）。

これは、葬儀にも影響を与えています。日本では、現在でも仏教式の葬儀が選択されることが多いのですが、葬儀の簡略化が著しく進行しています。

家族葬ということばが定着してきましたが、これは、家族だけ、身内だけで葬儀を営むもので、一般の参列者は招かれても、ごく少数に留まるのが原則です。

さらに、火葬だけを行い、通夜、葬儀・告別式を省いてしまう直葬という方法もあります。

最近では、著名人の死亡広告を見ても、「葬儀は身内だけですませた」と書かれることが多くなっています。多くの参列者がある一般葬は、その数がかなり減ってきています。

そこにはさまざまな要因がかかわっていると考えられますが、死という出来事が、昔ほど重要なものと考えられていないことが一つあるのではないでしょうか。

長寿が実現された結果、私たちの人生は、しだいにフェイドアウトしていくものに変化してきました。社会とのかかわりが次第に薄れ、介護が必要になれば、施設に入る。施設に入ってしまえば、家族以外、見舞いに訪れる人もいなくなります。そこが病院に入院したときと違うところです。

そして、死が訪れたとしても、すぐにそれを知るのは家族や近しい親族だけで、他の人間は、喪中はがきによって死を知るようになってきました。喪中はがきは年末に送られるものですから、その年の1月に亡くなっていれば、1年近く死んだ事実がわからないままになっていることになります。

私の知っている人たちのなかには、すでに亡くなっているのに、その事実をつかんでいない人たちが少なからず存在するのかもしれません。年齢が上がっていけば、その確率は自ずと高くなります。

多くの人が大往生をとげるいま、先祖供養の考え方も変わった

第6章で見たように、日本人の信仰の根底には先祖崇拝があるわけですが、死生観の転換は、そのことにも影響を与えています。

先祖を供養する行為は、「追善」と呼ばれます。年忌法要については、追善供養ということばが使われます。

追善とは、善を追加するということですが、故人が生前に十分な善を行っていなかったということが前提になります。この場合の善行は、具体的には、仏教で尊ばれる仏法僧を敬い、布施をすることを意味します。

その不足を補うために、子孫は年忌法要をくり返し営み、布施をして善を追加していく。それによって、先祖は徳を高め、極楽往生を果たすことができる。それが

追善供養の意味するところでした。

このように説明すると、寺院の側の商売にただ乗せられているだけだという印象を持たれるかもしれません。

しかし、死生観Ａの時代には、供養を行う子孫の側に、故人は人生をまっとうできず無念だったという思いがありました。その無念さを晴らすことが子孫のつとめであるという感覚があり、そこで追善供養を続けたのです。

しかし、死生観Ｂの時代になると、追善という考え方はピンと来なくなります。故人は大往生を果たしているわけですから、それ以上、善を追加する必要はないのではないか。そのように思えてくるのです。

実際、葬儀の簡素化と並行して、年忌法要も実施されることが少なくなってきています。

葬儀の際に、初七日、さらには四九日の法要をくり上げて行うということが一般化しています。

となると、次に法要が行われるのは納骨のときということになります。納骨は、四九日、一〇〇箇日前後に行われることが多いようですが、一周忌という場合もあります。

その先の年忌法要が、どの程度行われているのか、調査もないので、定かではありません。

寺院墓地の場合だと、寺の側から年忌法要の知らせが届くことが少なくありませんが、それ以外の墓地・霊園だと、何の知らせもなく、遺族も何年忌だったのかを忘れてしまいがちになります。

まして、年忌法要が故人の追善のために行われるという感覚を持つ人は、いまやほとんどいないのではないでしょうか。追善ということばの意味も、もう理解されてはいないように思われます。

死生観Bの時代には、多くの人が大往生をとげ、追善という考え方が意味をなさなくなった。そのように考えていいでしょう。

親族たちが唯一、一堂に集まれる場としての墓の価値

このように死生観Aの時代に生まれたものが、死生観の転換が起こるなかで不要なものとなってきています。

昔は、村のような共同体の結束が強かったため、一人の人間の死ということは重大な出来事でした。一人の人間がいなくなることで、村のなかの社会秩序や人間関係が大きな影響を受けたからです。

葬儀は、その変化を確認するための機会でした。それは、年忌法要についても言えます。その家がしっかりと年忌法要をつとめることができるのか、それが村のなかでの家の評価に直結しました。

そうした村社会に生活する人々の数は減り、多くの人たちは、人間関係がそれほ

ど緊密ではない都市で生活するようになってきました。

当初の段階では、都市に出てきた人たちは、自分たちが出てきた地方の村社会と緊密な関係を持ち続け、盆や正月には必ず帰省をしました。それによって、民族大移動という事態が生まれたのです。

しかし、それも次第に過去のものになりつつあります。実家の両親が亡くなってしまえば、実家というものはなくなり、合わせて故郷も失われます。実家があってこそ帰省が行われるわけで、帰省しなければ、もうそこは故郷とは言えなくなります。

そして、その総決算という形で墓じまい・改葬の機会が訪れます。墓がなければ、帰省して墓参りをするということもなくなります。多くの人たちは、次第に故郷を失っているのです。

それは、すでに都会に定着した人々のあいだにも起こります。

都会に生まれ育った人には、故郷はありません。生まれ育った場所を故郷ととらえるならば、都会がそれに当たるのかもしれませんが、都会の故郷には、「兎追ひし彼の山」といったイメージは伴いません。遠くにある懐かしい場所ではないのです。

しかし都会でも、両親が健在で、兄弟姉妹が実家に集うということはあります。とくに正月などにはそうした機会が訪れます。都会の実家だと、そこに泊まっていくということはあまりないでしょうが、そこが子どもたちにとって気軽に行ける場所であることは事実です。

そうした都会の実家も、両親が亡くなることで消滅してしまいます。その実家に、子どもたちの誰かが住むこともあるでしょうが、他の兄弟姉妹にとっては、行きにくい場所になってしまうことはたしかです。相続のことで、売却しなければならないということも十分に起こり得ます。

兄弟姉妹は一緒に育っていくので、子ども時代の関係は密接です。仲良くすることもあれば、喧嘩をすることもあるわけで、そこにはさまざまな人間模様がくり広げられていきます。お互いがライバルになることもあれば、よき協力者になることもあります。

しかし、学校を卒業し、仕事をするようになり、さらには結婚して、それぞれが別の家庭を営むようになると、さほど頻繁には会わなくなります。違うところで生活するようになれば、なおさらです。

けれども、何か困ったときに助けてもらうというとき、兄弟姉妹が真っ先にその候補にあがります。

たとえば、連帯保証人が必要だというときには、兄弟姉妹に頼むことが多いのではないでしょうか。いまでは、保証人を代行してくれるサービスもありますが、それには費用もかかります。

なにかにつけて兄弟姉妹を頼りにする。そういう機会がめぐってくることは少なくありません。その点で、兄弟姉妹の人間関係をいかに良好なものに保つか。それは重要なことにもなってきます。

親が亡くなり、相続というときには、兄弟姉妹のあいだでもめ事になることもあります。金銭の問題がかかわってくると、人間は思わぬ行動に出るのです。

あるいは、相続に伴って、ややこしい問題が派生することもあります。親に隠し子がいたとか、借金があったとか、問題はさまざまです。

そうしたときに大事にならないよう、兄弟姉妹の日頃のつき合いをどうするかは重要です。いまでは、親戚づき合いということが少なくなってきている分、兄弟姉妹の重要性はかえって増しています。

兄弟姉妹が自然に集まる機会としては、年忌法要などの法事や墓参りがあげられます。子どもが生まれたとか、七五三、入学・卒業など祝い事もあります。けれども、夫婦がお互いの両親をそうした場に呼んだとしても、兄弟姉妹まで呼ぶことは少ないでしょう。

その点で、法事や墓参りは重要です。そうした機会以外、関係者が集まることがない。そういう家は少なくないのです。

これまで、死者のために追善供養が営まれてきました。葬儀にしても、年忌供養にしても、それは追善の機会と考えられ、それをつつがなく行うことが子孫の大切なつとめであるという感覚もありました。

いまは、その感覚がすっかり薄れているわけですが、法事や墓参りは、死者が関係者に集まる機会を提供したものだと見ることもできるのではないでしょうか。それは、死者の善意であるということにもなります。

親は、生きているあいだは、子どもたちがくつろげる場を提供する。そうした役割を果たし、死後は、疎遠になりやすい子どもたちが会う機会を提供する。

そのあいだには、介護ということが発生し、親は子どもに介護されたりするわけですから、死後にそうした機会を提供するのも、親としての一つのつとめと位置づけることができます。

派手な葬式をあげる必要はない。それが、いまや常識になりつつあります。

墓も、いくらでも造らない方法はあります。納骨堂に納めるというのも一つのやり方ですし、自然葬・散骨という選択肢もあります。

しかし、その家に墓があり、そこに故人の遺骨を納めるというのであれば、墓の存在意義を明確にし、それを活用する方法を考えることも重要です。

歌舞伎など、伝統芸能の世界では、重要な演目、あるいはその家にゆかりの演目をやるというときには、演者が先祖の墓参りをするということが当たり前に行われています。そこで役にのぞむ覚悟を固めるのです。

墓じまいをしたとき、改葬が伴えば、遺骨は別の墓や納骨堂に移されます。そこが新たな墓参りの対象になるわけですが、遺族の生活圏に近ければ、それまで以上に墓参りの機会も増えます。

自分が生まれ育ったところにある墓に入りたい。そのように考える人もいるでしょう。しかし、子どもたちが生活している場からは遠く、墓参りが難しいのであれば、参る人のほとんどいない墓になってしまいます。それは、やがて無縁墓になっていく可能性が高くなります。

埋葬される場所にかんしては、墓参りがしやすいということが第一の条件になるのではないでしょうか。それが、墓じまいをしたあとの墓の前提になりますし、墓を新たに建てるというときにも気をつけておかなければならないことになってくるのです。

第９章

墓じまいで心の荷を下ろす

家族関係の維持に寄与する墓の存在

いざ墓じまいのことを考えたとき、やはり悩むところはいろいろと出てくることでしょう。この章では、そのことについて具体的に考えてみましょう。

私の家の場合だと、どうなるのでしょうか。そこをきっかけに考えてみたいと思います。

我が家の墓については、第1章で少しふれました。

私が小学校に上がった頃、同居していた祖父が亡くなりました。葬儀は自宅で営まれたと記憶していますが、遺体は近くの堀ノ内斎場で火葬されました。

それから、どの程度時間が経ったのかはわからないのですが、ある日、近くに散歩にでかけた祖母は、「よい墓があったので買ってきた」と、私の母に告げたとのことです。

どういう基準からよいと判断したのかはわかりませんが、当時の自宅から5分程度の距離でしたから便利なことは間違いありません。そこは曹洞宗の寺でした。

我が家の戒名についての方針についてもすでにふれましたが、祖母は、納骨する祖父には戒名は不要と寺に申し出ました。

寺院墓地に墓を求めたということは、その寺の檀家になるということです。普通なら、戒名をつけないのはだめだという話になるのでしょうが、とても鷹揚な寺で、祖母のわがままをきいてもらえました。そこから、我が家に死者が出たとき、戒名を授からないという「伝統」が生まれました。

それ以来、我が家はその寺の檀家になっています。住んでいた自宅のほうは売却され、一家で別の場所に引っ越すことになりました。その後も、我が家はそれぞれに皆転々と引っ越しをくり返しましたが、誰も墓から近い場所に住むことはありませんでした。

ただ、その後の寺との関係はとても良好です。寄付を求められることもありません。年忌法要の知らせがくることもないので、それをこちらが忘れてしまうこともたびたびです。檀家としては、少しいい加減なつき合いということになるかもしれません。ですから、寺に対する不満というものはまったくありません。その点ではよい墓です。祖母の判断は正しかったことになります。

現在のところ、その墓には、私の祖父母、伯父、そして父の骨が納められています。実は、この本を書きはじめる寸前に、母が93歳で亡くなったのですが、その遺骨も、近々そこに納められることになるはずです。

これから問題が生じるとすれば、その墓を誰が守っていくかということになります。

私は長男で、下に二人の妹がいます。上の妹は結婚して、子どもが3人います。孫もいます。下の妹は結婚はしていますが、子どもはいません。下の妹は長く両親と同居してきました。結婚してからも同じです。

私には二人娘がいます。最初の娘は結婚して、子どもが二人います。下の娘はまだ学生です。

こうした家族構成から考えると、将来墓の面倒を見るべき人間ははっきりしません。私に男の子どもがいるのなら、その子が墓守ということになるのでしょうが、それがいないのです。

ということは、我が家の墓は将来において、無縁墓になる可能性が高いということを意味します。いつか、誰かが、墓じまいについて考えなければならなくなるかもしれないのです。

それを見越して、いまから手を打っておくべきでしょうか。

改葬するとしたら、別の墓というわけにはいきません。墓を守る人間がいなくなってしまうのですから、別に墓を造る意味はありません。

となると、期限つきの納骨堂ということになります。たしかに納骨堂に改葬してしまえば、あとのことを考えなくてもよくなります。

ただ、現在の墓にかんして格別問題がないことも事実です。

しかも、母が亡くなったことで、実家がなくなってしまったということもあります。同居していたのは妹夫婦が買った家ですが、正月など、家族がそこに集まってきたので、実家というイメージがありました。

もちろん、妹夫婦はそこに住み続けることができるわけですが、妹の夫はトルコ人で、いまは長野に土地を求めて、そこでワイン造りをしようとしています。ブドウを植え、それを収穫してワインを造るというのです。

ですから、いま住んでいる家は貸してしまうことになるかもしれません。そうなれば、実家は完全に消滅します。

となると、我が家の家族が集まる場所、機会というのは、どうなるのでしょうか。あるとしたら、墓参りや法事ということになります。その点で、墓は家族関係を維持していくうえでかなり重要な役割を果たしていくことになるのかもしれません。そうであれば、そう簡単に墓じまいをするわけにもいきません。

戒名など要らないとした祖母は、だったら、寺院墓地など求めなければよかったのではないかと、そのように思うこともあります。寺というものに批判的であるなら、墓地は寺院墓地を選ばず、檀家関係を結ぶ必要はないところを選ぶべきでした。

しかし、祖母は明治の人間です。菩提寺はどうしても必要なものだと考えていたのかもしれません。いまも祖母が生きていて、墓を選ぶとしたら、違う墓を求めていたのではないでしょうか。

このことについて、ほかの家族、親族はどのように考えているのでしょうか。いまのところ、墓じまいをしようと提案する人間は出てきていません。墓を守る人間がいなくなるときまで、かなり時間があり、そのときになって考えればいいと思っているのかもしれません。

人間は、つねに先の先まで考えて行動するわけではありません。

それに墓の場合には、そこに納められているのは故人の遺骨であり、それは生きた人間ではないので、どうしても考えるのはあとまわしになってしまいます。

誰かが病気になれば、家族は心配し、治療を奨め、それを助けようとします。それは緊急の事態で、すぐに解決しなければならないことだからです。

ところが、すでに亡くなっている人の場合には、手段を尽くしても生き返るわけではなく、遺骨になったままです。そこには緊急性はまったくありません。

墓造りより、墓じまいのほうが日本人の無常観にしっくりくる

さらに、日本人のこころの奥底には、「無常観」が存在しています。あらゆるものは、そのままではなく、姿を変え、滅びていくものだというのが無常観です。「諸行無常の響きあり」という平家物語のことばに共感を覚えるのも、そうした感覚があるからです。

鎌倉時代の鴨長明による『方丈記』の出だしも、「行く川のながれは絶えずして、しかも本の水にあらず。よどみに浮ぶうたかたは、かつ消えかつ結びて久しくとゞまることなし。世の中にある人とすみかと、またかくの如し」と、人生の無常を説いていています。

こうした無常観は、自分の家の墓が無縁墓になってもかまわないという意識に結

びついていきます。

日本は数多くの地震に見舞われてきました。世界で起こるマグニチュード６以上の地震のうち、約20パーセントは日本周辺で起こるとされています。日本人にとって、地震は珍しいものではありません。巨大な地震は津波の被害をもたらします。

また、風水害も多く、毎年のように大きな被害が起こっています。昔なら、地震や風水害のあとには飢饉が訪れ、さらには疫病が流行して、多くの人が亡くなりました。

現代では、コンクリート造りの大きな建物が増え、ひとたび巨大地震に襲われ、津波が発生すると、そうした建物が軒並み倒壊して、被災地は悲惨な状態におかれます。

しかし、まだコンクリート造りの建物などない時代には、地震のあとに津波が押し寄せ、家も人もすべてを呑み込んでしまったとしても、少し時間が経てば、その土地に新しい住民が小屋を建てて住むようになりました。

船なども木でできていたわけで、新しく作り直すことも容易でした。そうなれば、被災地は急速に復興していきます。昔の人々は、無常観が生まれざるを得ない状況のなかで、それに対応しながらたくましく生き続けていたのです。

人生を無常と感じれば、それが無気力に結びつくこともあります。何をやっても崩れ去るのだから、無駄だというわけです。

しかし、一方には、豊かな国土の恵みもあります。人間はいつかは死ななければなりません。せめて生きているあいだは、人生を楽しみ、さらには善行を積んで来世に期待する。無常観にもとづいて、日本人はそうした生き方をしてきたのです。

ヨーロッパの住宅は石造りのものが多いわけですが、日本ではそういうことはありません。いまでも、一般の住宅は木造です。

たとえ、鉄筋コンクリートでできた建物であっても、日本人はそれを永久のものとは考えません。実際、高層ビルでも、年月が経つと解体され、建て直されるのが一般的です。

木造の建物でも、歴史を超えて受け継いでいくことができるということは、法隆寺の金堂や五重塔が証明しています。たんねんに修理や修復を重ねていけば、考えられないほど長持ちするのです。

重要な建物はそうして保存し、そうではないものは、絶えず建て替えていく。伊勢神宮などは、新しさを求めるがゆえに、20年に1度の遷宮のおりに全面的に建て替えられてきました。

その点で、日本には石の文化は発達しませんでした。石を重視するとすれば、神を宿す「磐座」ということになりますが、それは自然石です。

石造りの文化が確立されなかった日本ということを考えてみると、石でできた墓というものは異質な存在であるということになります。石造りの建物に住んでいるわけではないのに、死後は石でできた墓に安置される。そこに根本的な矛盾があります。

土葬の場合、遺骨も棺桶も時間の経過とともに腐っていくので、その上に石碑などは建てられません。だから、木の墓標を建てるだけですませていたのです。

自分たちが住む家は木造で、永続性がない。にもかかわらず、墓は石造りです。

しかも墓には「永代」という観念がまつわりついています。永代使用料、永代供養。

そして、墓石には「〇〇家先祖代々之墓」と刻まれています。墓は永遠のものと考えられているのです。

そこには大きなギャップがあります。

木造の文化だったところに、いつの間にか石造りの文化が入ってきてしまったのです。

仏像の歴史ということを考えてみても、日本ではそれほど石仏は重視されてきませんでした。

石仏がないわけではありません。路傍にある石仏は石造りです。しかし、寺に本尊として祀られるようなものは、漆を使った脱乾漆造りか銅像で、やがては木造が多くを占めるようになっていきました。

中国や朝鮮半島では、巨大な石仏が造られました。破壊されたバーミヤンの石仏は、かの三蔵法師も拝んだものですが、そうしたものは日本の仏教文化のなかには生み出されませんでした。磨崖仏《まがいぶつ》もありますが、それは一部の地域に限られます。

路傍におかれた石仏が、今日の石造りの墓の原型であるのかもしれません。

しかし、そこで使われるのは、いつまでももち、輝きを放ち続ける御影石ではありませんでした。そんな硬い石を切る技術もなかったのですから、御影石が石仏に使われるはずもありません。

人工ダイヤモンドで石を切る技術が開発されず、中国から安価な御影石が輸入されなければ、いまのような墓はありません。技術開発や貿易は時代の必然であるとも言えます。けれども、私たちが立派な御影石の墓を望んだから、そうした方向にむかったわけではありません。まず切る技術と御影石という商品が生まれ、それが立派な墓を建てる慣習、文化を生んだのです。

無常観を基本とする宗教観を持つ日本人には、そうした墓は、結局のところむいていなかったのではないでしょうか。

私たちが無常観とともに生きてきたのだとすれば、その感覚にあうのは、墓を造ることではなく、むしろ墓じまいをすることなのかもしれません。

墓じまいは、管理することが面倒になった、墓参りが難しくなったから行われるものではありますが、その根底に、墓の存在が重いということがあげられるのではないでしょうか。

大谷石でできたような墓なら、時間とともに崩れていくわけで、さほどの重さは感じられないでしょう。

けれども、御影石の墓ともなれば、実際にその重量はかなりのものです。もちろん、どれだけの規模の墓であるかによって変わってきますが、標準的なもので1・5トンから2トンはするようです。少し大きなものになれば5トンはあると言われます。

木造住宅の場合ですが、延べ床面積40坪、つまりは132㎡のものの総重量は、約16トンとされています。それに比べたとき、墓がいかに重いものであるかがわかります。墓に存在感があるのも、この重さが関係しています。墓を守るということは、2トンの石を守り続けるということなのです。

墓じまいをして、それですっきりした気分になることができるのも、この重さから解放されるからではないでしょうか。

それはまた、家というものが持つ重さから解放されることでもあります。ここで言う家は、住宅のことではなく、私たちが営んでいる小さな共同体のことです。

昔の家というものは、いまより規模の大きなもので、住むという面でも三世代同居が当たり前でした。しかも、子どもの数は多く、一軒の家に、10人を超える人間が住んでいることも珍しくありませんでした。

しかも、家はたんに生活するための場ではなく、生産の場でもありました。だからこそ、家を守っていくことが重要なことになったのです。

「家」というものの重さから自由になる

『先祖の話』を書いた柳田國男に『明治大正史世相篇』というユニークな著作があります。これは、日本が近代に入ることによって、人々の暮らしがどのように変化したのかについてつづったものですが、刊行は昭和6年（1931年）のことでした。

柳田は、この本を書くにあたって、一年間にわたり全国の新聞に目を通し、膨大な切り抜きを作りました。さらに、明治から大正にかけて60年間分の新聞記事を渉《しょう》猟《りょう》したといいます。

気の遠くなるような作業ですが、途中で柳田はその作業を放棄してしまいます。面倒になったからではありません。現実の世相は新聞記事に書かれたものよりはるかに複雑なことに気づいたからです。

そこで柳田は、「現に読者も知り自分も知っているという事実は、ただ漠然と援用する」ことにしたと述べています。

ある意味、随分と杜撰で適当なやり方にも思えますが、それが功を奏しました。『明治大正史世相篇』は、名著と言えるような興味深い本に仕上がったからです。

『明治大正史世相篇』の第3章は、「家と住心地」と題されています。そこには、明治から大正にかけて、若い世代が故郷での暮らしを捨てて、都会の新しい世界に憧れるようになった気持ちがどのようにして生み出されてきたのか、それが巧みに描き出されています。

柳田はその原因を家の構造の変化に求めていました。

柳田は、この時代の日本の家に障子紙や板ガラスが導入されたことの意義を強調しています。そうしたものがないときには、外気を防ぐために木戸や、蓆《むしろ》を吊り下げた蓆戸《むしろど》を下ろしていなければなりませんでした。

そうなると、家のなかはどうしても暗くなります。そんな家のなかで唯一明るいのが火をたく囲炉裏ばたでした。そのために、土床の土間と広い座敷を意味する広敷がむやみに広く作られていて、逆に、部屋は小さく仕切られていなかったのです。

そこに障子紙が使われるようになると、大きな変化が生まれます。建物の隅々が明るくなり、部屋を分ける中仕切りが設けられるようになるからです。

さらに板ガラスが導入されることで、家はいっそう明るくなりました。柳田は、板ガラスが障子の一枠にはめこまれると、「黙ってその間から外を見ている者が田舎にも多くなった」と述べています。

日常の暮らしのなかで自由に外を見られるようになることで、自ずと家の外側の世界への関心が高まっていきます。

柳田は、若い世代が明るい窓のある部屋に引きこもって本を読むようになり、それを通して親たちが知らないことを知るようになったと述べています。

柳田はそうした状況を、「心の小座敷もまた小さく別れたのである」と表現しています。

心の小座敷を確保するようになった若者たちは、本で知った知識をより深め、それを生かすために、家を離れることを考えるようになるのです。

なかなかに興味深い着眼点です。

暗く閉じられた家は、どうしても重いものに感じられてしまいます。

ところが、家のなかに外の光がふんだんに取り入れられるようになると、その重さはふっとんでしまいます。家は重いものから軽やかなものに変化し、そこで生活する若者たちの意識を変えていったのです。

墓じまいで、承認欲求の苦しみから解き放たれる

家が重いものであったとき、そこには、先祖の重圧というものもかかわっていました。

地方の家には大きな仏壇があり、そこには先祖の位牌が祀られています。しかも、座敷の長押《なげし》には、先祖の写真が掲げられていました。そうした家に生活するということは、絶えず先祖の視線を感じるということでもありました。

これは私が学生時代のことですが、宗教学のゼミで、ある新宗教の教団での「手かざし」の様子を映像で見たことがありました。

その教団では、何か問題を抱えてやってきた人々に対して、手をかざすのです。すると、教団の説明では、霊動ということが起こり、手かざしをされた信者は、畳

の上でのたうち回ったりするようになります。私の見た映像には、そうした光景が映し出されていました。

その信者には、先祖の霊がついているというのです。先祖であるにもかかわらず、十分に供養されていない。だから、手かざしすると現れ、子孫に供養を要求することになったのです。信者は、先祖に成り代わって、それを訴えていました。

こうしたことが、さまざまな教団で行われていた時期があります。それだけ、家の重圧が個人にのしかかっていたのです。家の重圧に苦しんでいる人たちを救う。そこに新しい宗教が次々と生み出された一つの原因がありました。

戦後、そうした状況から、私たちはしだいに抜け出てきました。家のあり方は変わりました。とくに都市では、根本的に変わりました。家はマイホームとなり、生産の場から、くつろぎの場に変わったのです。

家のほうが変わり、軽いものに変わったのに、今度は、墓という重いものを、私たちは抱え込むことになりました。墓は、遺骨を収納するものだということが基本ですが、果たして、２トンもの石材を使う頑丈なものである必要はあったのでしょうか。

遺骨を納めるということだけが目的であれば、地面にそのためのスペースを確保し、その上を石で蓋をすればよかったはずです。石柱など不要だったのではないでしょうか。

ところが、石柱の建った墓のほうがはるかに立派に見えます。どうせ建てるなら、立派なもののほうがいい。

一時、バブルの時代を中心に葬儀が派手なものになっていったときと同じ心理がそこに働いていました。とくに地方から出てきた人たちは、故郷のある実家の墓より立派なものを建てることで優越感を持ちたかったのです。それを、技術の開発と、石材の輸入が後押ししました。

金が入ってくれば、人間はそれを使いたくなります。しかも、金が自由に使えるということでは満足できずに、いかに自分が金を持っているのか、それを周囲に知らせたいと考えるようになるのです。

バブルの時代、戒名料としてこれだけとられたと言う人が私の周囲にもよく現れました。戒名料が100万円だったとか、200万円だったとか、高額であることを嘆くのですが、一方では、それだけ支払える力が自分にあることを誇示しているようにも見えました。

葬儀では位牌に立派な戒名が記されます。墓にも刻まれます。院号のついた戒名を見れば、高額の戒名料を支払ったことがすぐにわかります。その時期は、とくに都会では戒名のインフレ化が大きく進行しました。それまでは一部の人しか授かれないものであったのが、戒名料さえ払えば、誰もが「院号居士（大姉）」になれるようになったのです。

そんなことは愚かだと考える人にとっては実にばかばかしいことです。しかし、人間には、世間にむかって自分の力を示し、認めてもらいたいという感情があります。最近ではそれを「承認欲求」と言いますが、立派な葬儀も豪華な墓も、承認欲求を満たすことのできるものだったのです。

承認欲求には限度がありません。一度、そうした欲求が満たされると、さらに先を求めるようになります。人間というのは、なかなか厄介な生き物なのです。

葬儀は、いくらでも簡略化することができます。実際、その方向に進んできました。いまや家族葬が中心で、直葬も当たり前になってきました。

ところが、一度墓を建ててしまうと、簡単にそれをしまうことはできません。墓じまいには、かなりの手間と労力がかかります。

親が建てた墓があり、子どもがそれを守っていかなければならない立場におかれたとしたら、墓から解放されたいと考えるかもしれません。親は立派な墓を建てることで承認欲求を満たしたかもしれませんが、そうした思いが子どもに受け継がれるとは限りません。現在の社会状況では、受け継がれないことのほうが多いでしょう。

承認欲求から解放される。それも、墓じまいが心の荷を下ろすことにつながる要因になるのです。

おわりに

現在の日本で確立されている墓の文化は、偶然に生まれたものとも言えます。いちばん大きいのは火葬の普及です。日本は火葬大国となり、火葬率は99・97パーセントに達しています。

最近、高橋繁行『土葬の村』（講談社現代新書）という本が刊行され、話題になっています。著者とは昔一緒に仕事をしたことがありますが、土葬が行われている村を丹念に調査し、その現状についてふれた本です。本を読んでみると、つい最近まで土葬が行われていた地域でも、急速に火葬に移行していることがわかります。

いまでは、土葬は恐い、気持ちが悪いと考える人々も増えています。海外には、まだ土葬が主流という国もあります。イスラム教が広がった地域などが、その代表ですが、戦後火葬化が急速に進んだことで、日本での土葬はすっかり過去のものになってしまいました。

火葬すれば、あとには遺骨が残ります。その遺骨をどうするのか。墓に納めるしかないということで、多くの家が墓を求めるようになりました。

そこには、すでに述べたように、人工ダイヤモンドの開発によって石を切る技術が発達したことが影響しました。それまでは、硬い石を切ることは容易なことではありませんでした。

さらに、中国から安価な御影石が輸入されるようになったことで、それを使った立派な墓が建てられるようになりました。そこにはもちろん、人工ダイヤモンドの貢献が大きいわけです。

あるいは、モータリゼーションの進展ということも関係しています。

戦後、自動車が普及し、それにあわせて道路網も整備されていきました。高速道路もできました。それによって、手軽にドライブができるようになりました。

不便な霊園・墓地に墓を求めても、墓参りが可能になったのです。都会の中心だと、墓を求めるにも相当な費用がかかりますが、郊外なら永代使用料も安く抑えられます。レジャーの一環として墓参りをする。そんな習慣が生み出されていきました。

どの家も、次々と墓を建てていく。そんな時代がやってきて、それはバブル経済が訪れることで加速されました。せめて終の住処だけは確保したいと考える人たちが、こぞって墓を求めたのです。

そこには、戦後、地方から都会に出てきて、新しく家を構えたところにも、葬るべき死者が出るようになったこともかかわっていました。地方の村なら共同墓地があり、わざわざ墓を求める必要はありません。しかし、都会には共同墓地などないのです。

手近なところに死者を葬る場所がない。それが都会暮らしの特徴です。そうなると、火葬した遺骨をなんとかしなければなりません。家に置いておいても問題になるわけではありませんが、それでは故人を蔑ろにしているようで、気持ちが落ち着かない。そう感じる人たちも少なくありませんでした。

とくに、ある程度の年齢になるまで地方で生活した人たちには、すでに地方での風習が染みついていたので、先祖崇拝は必要だという観念があったのです。

最近では、手元供養などと言って、遺骨を細かく砕き、それを加工して、手元においておく供養の仕方も開拓されています。

ただ、東日本のように、骨を全部引き取ってくる地域では、すべてを加工するというわけにもいきません。

それに、手元供養を試みるのは、配偶者を亡くした人たちに限られるのではないでしょうか。先に親が亡くなるのが順序というものだと子どもたちは考えていますから、そこまで親の遺骨に執着しません。配偶者を亡くしたという場合には、その後、一人で寂しく暮らさなければならないので、手元に遺骨をおいておきたいという心理が働くわけです。もっとも、うるさい相手がいなくなってせいせいしたという人には関係のないことです。

日本の国家は、墓埋法という法律を制定し、埋葬するなら、許可を得た墓地でなければならないと定めています。公衆衛生の観点から、そうした規定が設けられたのだと考えられますが、将来においてこれだけ火葬が普及するとは想定していなかったのではないでしょうか。

人が亡くなると、健康保険から埋葬料が支払われますが、それは微々たる額です。

東京では、火葬場のほとんどが民間のものなので、火葬するだけで数万円がかかりますが、埋葬料はそれでふっとんでしまいます。

各地方自治体は、霊園の開発ということを進めてはきました。しかし、住民がすべて、自治体の開発した墓地に安く墓を設けることができるほどの数は確保されていません。まして、財政難はどの自治体でも深刻で、新たに霊園を開発することは難しくなっています。

日本国民は、墓については自分でなんとかしなければならない、自助努力が不可欠な状態におかれています。国も自治体も、この面ではあまり頼りになりません。遺骨を抱え、墓を建てられない人たちのために、国や自治体が積極的に動くことはないのです。

死んでしまえば、戸籍には死亡と記され、それと同時に有権者ではなくなります。死者には投票権などないわけで、その分、墓に入っている死者のことは政治家の関心を引きません。

墓は政治の死角に入ってしまっている。そのように考えることもできます。

一度、墓を建ててしまえば、それを守っていかなければなりません。墓石には、「先祖代々之墓」などと刻まれることも多いので、墓を建てた人たちは、それが永遠のものであるかのように考えがちです。しかし、墓の永続性については何の保証もありません。

おそらく、立派な御影石の墓を建てるという文化は、一時期のものに終わるでしょう。墓を守る家に永続性はなく、どこかで墓じまいを必要とするからです。その結果、納骨堂を選択する家が増えています。寺院の側も、いまは規模の大きな納骨堂を建てることに熱心です。

しかし、納骨堂を運営するには効果的な宣伝をしなければなりませんし、メンテナンスの問題もあります。遺骨が自動的に参拝者の目の前に現れるという仕組みがある納骨堂もありますが、果たしてそれはずっと円滑に動き続けるものなのでしょうか。

私の知り合いに、納骨堂の経営で行き詰まった寺のサポートをする仕事をしている人間がいますが、僧侶になる過程で、住職たちは「寺院経営学」を学んできたわけではありません。

私は、納骨堂のブームは、それほど続かないのではないかと考えています。

では、自然葬、散骨がどんどんと広がっていくのでしょうか。

たしかに、いまではそれが人を葬るときの選択肢の一つになっていることは間違いありません。葬送の自由をすすめる会が先鞭をつけた当初の段階では、散骨を違法と考える人たちがまだいて、自治体のなかには、散骨を禁じる条例を作ったようなところもありました。

しかし、いまでは、自然葬、散骨は当たり前のように行われています。宇宙葬などというものもあり、私の知り合いもそれを利用したようです。人工衛星に乗せて、遺骨を宇宙に撒いてしまうのです。

遺骨をすべて撒いてしまえば、あとには何も残りません。なかには、墓参りの代わりに、骨を撒いたところの海や山を定期的に訪れるという人たちもいますが、基本は撒いてしまえばそれで終わりです。墓を造らないために、自然葬、散骨をするわけですから、墓参りのような行為は不必要と考える人も多いことでしょう。

あるいは、樹木葬を選択する人たちもかなり増えています。それが可能な墓地を提供するところも増えています。

ただ、樹木葬は区画を区切って埋葬されることが多く、本質は石塔を建てる墓と変わりません。墓守を不可欠としますし、無縁になってしまう可能性もあります。

墓や納骨堂など、遺骨が納められたところがなければ、子孫が墓参りすることはできません。その点については第8章でふれました。故郷や実家が失われるいまの時代では、墓参りができる場所の需要が高まっている可能性はあります。

いま私たちは、墓をどうするのかということにかんして、決めかねているという状況にあります。最適な方法が見出されていない。そういうことかもしれません。

墓じまいは一つの解決策ではあります。墓がなくなれば、墓のことで悩む必要はないからです。

しかし、墓を処分してしまえば、墓参りの対象はなくなり、家族、親族が集まる機会が失われてしまうかもしれません。

これまでの流れをたどってみるならば、人を葬るということにかんして、いろいろなことが失われていくのが必然であるようにも思えます。

葬式は要らない。

墓も造らない。

それで、肩の荷をあらかた下ろすことはできます。

それでさっぱりします。

ただ、墓じまいをしてしまえば、後戻りはできません。

決断には十分に時間をかけ、どうしても墓じまいせざるを得ない時まで待つ必要があるのかもしれません。

じっくりと考える。

関係者がいれば、入念に協議する。その必要があることを最後につけ加えておきたいと思います。

詩想社新書

詩想社新書発刊に際して

詩想社は平成二十六年二月、「共感」を経営理念に据え創業しました。なぜ人は生きるのかを考えるとき、その答えは千差万別ですが、私たちはその問いに対し、「たった一人の人間が、別の誰かと共感するためである」と考えています。

人は一人であるからこそ、実は一人ではない。そこに深い共感が生まれる——これは、作家・国木田独歩の作品に通底する主題であり、作者の信条でもあります。

私たちも、そのような根源的な部分から発せられる深い共感を求めて出版活動をしてまいります。独歩の短編作品題名から、小社社名を詩想社としたのもそのような思いからです。

くしくもこの時代に生まれ、ともに生きる人々の共感を形づくっていくことを目指して、詩想社新書をここに創刊します。

平成二十六年

詩想社

島田裕巳（しまだ　ひろみ）

1953年、東京都生まれ。宗教学者、作家。東京大学大学院人文科学研究科博士課程修了。放送教育開発センター助教授、日本女子大学教授、東京大学先端科学技術研究センター特任研究員を歴任。現在、東京女子大学、東京通信大学非常勤講師。主な著書に、『葬式は、要らない』（幻冬舎）、『捨てられる宗教』（SBクリエイティブ）、『0葬』（集英社）、『ブレない心をつくる「般若心経」の悟り』（詩想社）などがある。

詩想社
―新書―

37

「墓じまい」で心の荷を下ろす

2021年9月28日　第1刷発行

著　　者　島田裕巳
発 行 人　金田一一美
発 行 所　株式会社 詩想社
〒151-0073　東京都渋谷区笹塚1—57—5 松吉ビル302
TEL.03-3299-7820　FAX.03-3299-7825
E-mail info@shisosha.com

D　T　P　中央精版印刷株式会社
印刷・製本　中央精版印刷株式会社

ISBN978-4-908170-32-4